평 신 도 양 육 교 재

예수를 따르는 삶
Life Following Jesus

인도자용

은혜로 회복된 삶

평신도 양육교재
예수를 따르는 삶
은혜로 회복된 삶

발행일 : 초판 1쇄 인쇄 2008년 8월 21일
초판 2쇄 인쇄 2013년 7월 8일
개정판 1쇄 인쇄 2014년 3월 14일
발행인 : 우순태
편집인 : 유윤종
책임편집 : 강신덕
기획/편집 : 전영욱, 강영아
디자인/일러스트 : 최동호, 권미경, 오인표
홍보/마케팅 : 강형규, 박지훈
행정지원 : 조미정, 신지현

펴낸곳 : 도서출판 사랑마루
서울시 강남구 테헤란로 64길 17(대치동)
대표전화 : TEL (02) 3459-1051~2/ FAX (02) 3459-1070
홈페이지 : http://www.eholynet.org, http://www.ibcm.kr
등록 : 2011년 1월 17일 등록번호/ 제2011-000013호
갑은 뒷표지에 있습니다. 잘못된 책은 구입하신 곳에서 교환해 드립니다.
ISBN : 978-89-7591-311-2 04230

Contents

평신도 양육교재 **예수를 따르는 삶**

- 교육과정개발 : 남은경
- 교재집필 : 안성희 김종윤
- 교재개정 : 박향숙

평신도 양육교재
예수를
따르는 삶
Life Following Jesus

발간사

평신도는 단지 예배 참석자가 아닙니다. 평신도는 목회의 동역자입니다. 평신도가 예수님의 제자로 세움을 입어서 주님의 명령(마 28:18-20)대로 가르쳐 지키게 하는 사명을 감당해야 합니다. 평신도들이 사역의 주체가 될 때, 아름다운 주님의 교회가 세워지고 하나님의 나라가 확장될 것입니다.

교단창립 100주년 교육사업의 일환으로 성결교회 평신도 제자화 교육과정을 개발하고 4종류의 교재를 만들었습니다. 그것은 '새신자교재→세례교재→양육교재→사역교재' 입니다. 교회에 처음 나온 새신자도 반드시 사역자로 양성하겠다는 의지가 담겨있는 시리즈 교재입니다. 이 교재에 담겨있는 핵심 키워드는 '구원→믿음→생활→사역' 입니다.

성결교회의 모든 신자들은 하나님의 은혜로 구원받아 온전한 믿음을 가지고 삶이 변화되어 주님의 사역자로 세움을 입어야 합니다. 교회에서는 새신자들이 새신자교육과 세례교육을 언제든지 받아서 온전한 신앙을 형성할 수 있도록 도와야 합니다. 그리고 양육과 사역교재를 통하여 평신도 사역자를 키워야 합니다. 만약 신앙연수가 오래되었지만 신앙이 성숙치 못한 신자가 있다면, 양육교재와 사역교재를 통하여 건강한 사역자로 세움을 입을 수 있을 것입니다.

성결교회의 새로운 100년을 맞이하면서 목회현장에 실제적으로 도움이 될 교재가 개발된 것은 참으로 기쁘고 감사한 일입니다. 앞으로 평신도들이 주님의 몸 된 교회의 주체가 되고, 역사의 책임 있는 존재가 될 수 있도록 돕는 교재들이 지속적으로 개발될 것입니다. 아름다운 주님의 비전을 꿈꾸며 새 역사의 주인공이 됩시다.

기독교대한성결교회 총무 우순태 목사

　성숙한 신앙인은 세상 사람들의 눈으로 보기엔 불편하게 사는 사람일 것이다. '주님이 원하시는 삶은 어떤 것일까?' '주님은 이럴 때 어떤 결정을 내리실까?' '내가 진정한 주님의 제자라면 어떻게 행동해야 할까?' 라는 고민을 가지고 사물을 대하고 세상을 살아가기 때문이다. 하지만 궁극적으로는 세상에 대한 이러한 질문, 그리고 그 대답에 따라 불편하더라도 당당하게 살아나갈 때, 우리는 참다운 기쁨이 넘치는 삶을 살 수 있다는 것을 잘 알고 있다. 모든 성결교인들이 이러한 기쁨을 누리며 살기를 바란다. 이를 위하여 양육교재가 도움이 되기를 바라며, 몇 가지 사항을 일러두고자 한다.

　첫째, 본 교재는 성인 양육을 위한 교재이다. 여기에서 성인은 법적으로, 사회적으로, 경제적으로 자립할 수 있는 사람이며, 생물학적으로 아이를 가질 수 있는 육체적으로 성숙한 사람이며, 심리학적으로 청년기를 지나고 삶의 특별한 과정을 경험한 사람이며, 교육적으로 그가 속한 사회와 문화가 마련한 어느 정도의 학교 교육을 성취한 사람이다. 또한 신앙인으로서 자신의 생애를 통하여 삶의 스타일(life style)을 형성해 가는 존재이며, 영적으로 성장 발달해 가는 존재이다.

　둘째, 본 교재는 평신도를 위한 교재이다. 대부분의 내용은 일상생활에서 겪을 만한 상황이나 생각해 보아야 할 만한 주제와 내용을 담고 있다. 여기서 평신도의 의미는 단순히 교회의 구성원 중에서 평범한 사람을 의미하는 것이 아니라 교회의 대부분을 차지하는 구성원으로서 주님의 자녀이며, 제자이고, 교회를 교회되게 이끌어 가야하는 각 지체를 의미한다. 따라서 이 양육의 과정을 통하여 평신도는 더욱 성장하여 목회의 동역자로서 하나님께서 허락하신 사역의 한 부분을 감당할 수 있도록 성숙하여야 한다. 이 교재를 잘 마친다면 교회에서는 집사나 구역장 등의 역할을 맡겨도 될 정도의 훈련이 이루어질 것이다.

　셋째, 본 교재 교육과정의 내용 범위는 교단의 사중복음을 서울신학대학교 성결교회신학연구회가 이 시대의 언어로 표현한 '생명', '사랑', '회복', '공의'의 신학적 설명으로 한다. 그래서 이제까지 성결교회의 교육이 개인의 영혼 구원과 개인적 삶에 있어서의 성결에 집중하였다면, 이제는 사회의 보편 가치들에 대한 복음적 시각을 갖는 데까지 교육의 목표와 장(場)을 확대하고자 한다. 그래서 생활의 모든 영역에서 구체적인 문제와 사회적, 문화적, 윤리적, 정치적, 생태적 차원까지 다루고 있다.

넷째, 이 교재는 단순히 읽기용 책이나 답을 달기 위한 성경공부 교재가 아니라 모임의 참가자들이 함께 각 주제에 따라 고민하고, 결단하고, 실천하는 워크숍 교재에 가깝다. 따라서 참가자의 답 달기와 인도자의 답 해설에 의존하는 다소 구태의연한 성경공부 교재가 아니라 함께 목적을 위하여 삶을 연습해 가는 안내서이다. 이 교재를 바탕으로 서로 격려하고, 섬김을 베풀고, 감사를 표현하는 과정을 통해 더욱 풍성한 하나님의 은혜를 누리게 될 것이다.

이러한 본 교재를 가지고 모임을 인도하게 될 인도자는 비록 목회자이거나 지도자라고 할지라도 무엇인가 지식을 가르치려고만 노력하는 것은 바람직하지 않다. 물론 이 과정을 잘 인도하기 위해서 본 교재의 각 과가 이루고자 하는 목표와 그에 따르는 내용들에 대해서는 철저하고 꼼꼼하게 준비해야겠지만 자신이 깨달은 바를 참가자들도 스스로 깨달을 수 있도록 인도해야 한다. 뿐만 아니라 인도자와 학습자간의 나눔을 통해서 서로의 은혜가 더욱 풍성해 질 수 있도록 배려해야 한다.

이 교재를 통해 자신의 영적인 성숙을 기대하는 학습자들은 단순히 성경의 지식을 더 얻겠다는 정도의 생각으로 임하거나, 성경에서 답을 찾아 빈칸을 채우는 다소 수동적인 자세만을 보이는 것은 바람직하지 않다. 자신의 경험과 생각을 함께 나누고 인도자의 답을 기다리기 전에 먼저 고민하고 성경의 의미를 깨닫기 위해 노력해야 한다. 그리고 결국에는 이러한 모든 것들이 나의 일상생활에서도 실천될 수 있도록 노력하겠다는 다짐 속에서 생활에 임해야 한다.

본 양육교재는 모두 8권, 각 권당 5과 씩, 총 40개의 주제를 다룰 것이다. 적지 않은 양이기는 하지만, 신앙인들이 교회에서나 사회에서 부딪히게 될 모든 주제들이 다 다루어 진 것은 아니다. 하지만 이 40개의 주제를 다루며 배우고, 생각하고, 느끼고, 결단하고, 실천하는 과정을 통해서 한 단계 더 성숙된 신앙인으로 나아갈 수 있는데 도움이 되리라 생각한다.

본 교재를 바탕으로 한 평신도의 양육이 성공적으로 이루어져서 모든 성도들이 교회뿐만 아니라 가정과 사회에서 주체적 존재가 되며, 성결교회의 교인으로서, 또한 그리스도의 제자로서 확고한 정체성을 갖으며, 마침내 이 땅 위에서 하나님의 뜻대로 살아가고 하나님의 나라를 이루어 내는 하나님의 사람으로 거듭나게 되기를 바란다.

3단원(회복)
은혜로 회복된 삶

단원 설명

3단원은 '은혜로 회복된 삶'을 목적으로 구성되었다. '회복'은 '신유'의 복음을 현대적으로 해석한 표현이다. 일상 속에서 병을 얻지 않고 건강하게 살아가는 것, 죄악된 습성을 피하고 몸을 잘 관리하는 것, 자연을 통한 치유 등의 보편적 은총도 하나님의 은혜이다. 그런데 특별히 기독교인들에게 있어서 '신유'란 예수 그리스도를 통한 속죄의 결과인 동시에 하나님의 약속을 믿음으로써 병 고침을 얻는 것이다. 즉 단순히 육체적 질병을 고치는 것뿐 아니라 전인적인 구원을 얻어 회복되는 것을 말한다.

구약성경은 질병을 죄와 관련된 것으로, 즉 질병을 죄에 대한 하나님의 징벌로 이해한다(신 28-29장). 따라서 하나님께 고침을 받기 위해서는 자신의 죄를 고백해야 한다(시 37, 40, 106편). 신약성경에서 병 고침은 복음 선포와 함께 예수님의 중심 사역이었다. 예수님의 치유사역은 우리의 영혼뿐만 아니라 육체에도 하나님의 나라가 임하였음을 보여주는 사건이었다. 즉 하나님은 예수님의 치유사역을 통해 주님께서 우리의 영혼은 물론 육체적인 질병까지도 구원하시는 분이심을 드러내셨다. (성결교회신학(상), 466, 467) 이와 달리 욥기서는 믿음을 시험하기 위한 또 다른 의미의 고난에 대해 설명하고 있다. 예수님 역시 모든 질병의 근원을 죄로 여겨 장애인이나 신체의 질병을 가진 자들을 그들의 죄로 인해 징벌을 받는 것이라고 보는 시각을 경계하셨다.

하나님은 병들어있는 영혼과 정신과 몸을 통전적으로 회복시키시는 분이시다. 또한 하나님은 병들어있는 사회와 전자구적 생태계가 회복되기를 원하신다. 그런 의미에서 '신유'의 복음은 세상을 향한 하나님의 사랑에 대한 증거이다. 그것은 인간과 생태계를 사랑하시는 하나님이 치유하고 회복시키실 것을 믿는 복음이다.

"성결교회는 세상을 향한 하나님의 치유, 하나님의 회복케 하심을 믿고 증거하는 공동체로서, 생명을 억압하고 고통스럽게 하는 모든 질병과 사회적 병폐에 대항하여 하나님의 말씀과 그리스도의 보혈과 성령의 능력으로써 해방을 선언하며 하나님의 영광을 드러낸다."

이명직, 『기독교의 사대복음』중에서

3단원은 모든 기독교인이 삶의 전 영역에서 온전한 '은혜로 회복된 삶'을 살기를 바라며 다음과 같이 구성되었다. 1과는 '치유하시는 하나님'이다. 하나님은 당신의 자녀들의 몸의 질병은 물론 영과 혼을 고치시는 치유의 하나님이다. 이는 회개와 믿음을 통해 얻은 특별한 은혜이다. 몸의 질병을 포함한 고통과 아픔을 겪고 있는 자가 있다면, 믿음으로 낫기를 구해야 할 것이다. 2과는 '성령 안에서 평안한 삶'이다. 기독교인은 외부의 조건과 상관없이 언제나 성령님이 함께하시는 평안함을 누리며 살아간다. 조건 때문에 염려하고 걱정하는 병든 생각이 있다면, 창조주요 삶의 주인되시는 하나님을 믿을 때 얻는 평안함을 통해 회복되어야 할 것이다. 3과는 '하나님 앞에서 정직한 삶'이다. 기독교인은 세상을 주관하시는 하나님 앞에서 진실되게 살아가야 한다. 우리는 명예, 재물, 평판 등을 잃을까봐 두려움으로 가득하다. 이런 우리의 연약함을 하나님과 동행함으로 얻는 용기를 통해 극복해야 할 것이다.

4과는 '회복시키시는 하나님'이다. 구원을 받았으나 죄의 유혹에 빠지고 시험에 실패한 기독교인들이 심한 자책감과 방어의식으로 하나님을 떠나거나 혹은 죄의식 없이 외식적인 삶을 살아가는 경우가 있다. 우리는 우리가 다시 회복되기를 원하시는 하나님을 신뢰함으로써 자신의 죄를 직면하고 하나님의 말씀에 대면함으로 풍성한 자녀의 삶을 누리기를 소망해야 할 것이다. 5과는 '남겨진 고통에 대하여'이다. 병이 낫고 고난이 해결될 것이라고 간절히 믿고 간구했음에도 불구하고 남겨진 고통들을 기독교인들이 어떻게 받아들여야 할 것인가? 본 단원의 마지막 과는 그럼에도 불구하고 신실하신 하나님의 뜻을 믿고 살아가는 삶을 소개하여 우리의 남겨진 고통에 대해 다루고자 한다.

1단원을 통하여 새로운 생명을 얻은 기독교인으로서의 삶을 결단하고, 2단원을 통하여 그 생명이 사랑으로 충만해지고 온전해지는 은혜를 체험하였으니, 3단원을 통하여 개인의 전인적인 회복의 은혜를 체험하기 바란다.

치유하시는 하나님

교육주제 치유하시는 하나님

배울말씀 마가복음 2장 1-12절

도울말씀 약 5:13-18

새길말씀 여호와께서 예루살렘을 세우시며 이스라엘의 흩어진 자들을 모으시며
상심한 자들을 고치시며 그들의 상처를 싸매시는도다 (시 147:2-3)

이룰 목표

① 하나님 없는 삶은 병든 삶이라는 것을 깨닫는다.

② 자신의 영적 건강상태를 진단하고 치유를 사모한다.

③ 치유가 필요한 사람들을 위해 중보하며 치유자로서의 삶을 산다.

교육흐름표

40 min	20 min	20 min	20 min	20 min
O.T.	관심	기억	반성	응답

교육진행표

구분	오리엔테이션	관심갖기	기억하기	반성하기	응답하기
제목		치료 불가	치유의 길	상처 입은 치유자	내 영의 건강검진
내용	단원 설명, 자기소개	병을 치유하는 출발점은 자신의 병을 인정하고 도움을 요청하는 것이다.	자신의 병을 인정하고 믿음으로 기도할 때 치유받을 수 있다.	예수님은 상처 입은 치유자로서 우리를 치유하셨고, 우리를 치유자로 부르신다.	자신의 건강상태를 점검하여 치유받자. 치유받아야 할 자를 위해 기도하자.
방법	강의, 발표	글 읽고 이야기하기	성경 찾아 답하기	글 읽고 답하기	빈칸 채우며 결단하기
준비물	출석부		성경책 중풍병자를 고치신 예수님 그림		건강검진, 치유사역 차트
시간	40분	20분	20분	20분	20분

이 세상에 치유가 필요하지 않은 사람이 있을까? 누구나 고침과 회복을 필요로 한다. 그것이 육체적인 것이든, 정신적인 것이든, 영적인 것이든, 혹은 가정에서든, 학교에서든, 직장에서든, 사람은 상처와 질병 속에서 살아가고 또한 죽어간다. 치유가 절대적으로 필요한 이 세상, 이웃, 그리고 나 자신을 과연 누가 어떻게 치유할 것인가? 치유가 절실한 만큼이나 바르고 참된 치유가 필요할진대, 참된 치유로 가는 바른 길은 무엇인가?

1. 병든 세상

창세기 3장 이후 이 세상에 대한 성경의 시각은 언제나 부정적이다. 소위 인간의 타락을 시점으로 하나님과 분리된 세상의 현실에 대한 성서의 관점이다. 그것은 하나님을 떠난 인간의 실존이요, 창조주를 외면한 피조물들의 어두운 운명이다. 한마디로 이 세상은 병든 세상이다. 생로병사(生老病死). 이것은 인간이 태어나서 늙고 병들고 죽는 네 가지의 고통을 설명하는 말이다. 인간이라면 누구도 피할 수 없는 자연적이고 운명적인 일들이다. 그런데 사실 인간이 건강하게 태어나서 세월이 지나 언젠가 늙고 병들어 죽게 되는 것이 아니다. 엄밀히 말하면 병든 채로 태어나서 병든 채로 살다가 병든 채로 죽는 것이라고 해야 맞다. 태어날 때부터 병들었기 때문에 병을 지니고 살아갈 수밖에 없는 것이고 그러한 지병으로 인해 결국은 죽게 되는 것이다. 이것이 성서의 진단이기도 하다. 그런데 이렇게 병든 세상에 대한 전제가 역설적으로 복음의 서곡이 된다. 그래서 병든 세상과 병든 자아를 인정함으로써 복음을 통한 치유의 길이 시작되는 것이다.

2. 치유의 하나님

하나님은 병든 세상, 병든 인간을 보시며 이루 말할 수 없이 아파하신다. 비록 그것이 하나님을 등지고 떠난 자들의 운명이라고 하나 그들의 주인이신 하나님께서는 그들을 외면할 수가 없었다. 세상이 병들었다면 하나님이 고치셔야 했고, 인간이 병자들이라면 하나님이 치유자가 되셔야 했다. 결국 절대적이고 오직 유일한 치유의 근원인 하나님께서 친히 이 병든 세상으로 내려오실 수밖에 없었다. 그분이 바로 오늘 본문 마가복음 2장에서 치유의 사역을 이루고 계시는 예수 그리스도시다. 공생애 기간동안 예수님은 부단히 모든 성과 촌에 두루 다니시면서 천국 복음을 전파하시고 모든 병과 모든 약한 것을 고치셨다(마 9:35). 그분은 눈이 있어도 보지 못하고 귀가 있어도 듣지 못하는 인간들을 다시 보게 했고 다시 듣게 함으로써, 하나님과의 단절이라는 인간의 근원적인 질병을 제거하시고 이 땅위에 하늘의 치유활동을 시작하신 것이다.

3. 치유의 통로

세상을 치유하기 위해 주님이 오셨지만, 그 치유를 누구나 자동으로 받는 것은 아니다. 치유를 포함해서 하나님께로부터 나오는 모든 것을 받기 위해서는 한 가지 조건이 필요한데, 그것이 바로 믿음이다. 하나님의 능력은 바로 믿음이라는 통로를 통해서만 인간에게 흘러 들어갈 수 있다. 그 믿음은 최초 구원을 받기 위해 복음과 주님을 영접하는 때부터 시작하여 하나님을 경험하는 모든 삶의 순간들마다 필요하다. 오늘 본문에서도 주님은 중풍병자와 친구들의 믿음을 보시고(막 2:5) 병자를 고쳐주셨다. 믿음은 기도를 수반한다. 기도를 통해 믿음이 생기게 되고, 믿음을 통해 더욱 기도하게 된다. 그렇게 드리는 믿음의 기도가 하나님의 능력이 드러나는 통로가 되어 주께서 병든 자를 구원하여 일으키시는 데 사용된다(약 5:15). 우리는 이런 믿음의 기도를 드림으로써 우리 자신뿐 아니라 병든 이웃과 이 땅위에 하나님의 치유가 임하는 통로로 사용될 수 있다. 이것은 하나님의 치유의 은혜를 경험한 자들에게 주어진 치유적 사명이기도 하다.

평신도 양육교재

관심갖기

치료 불가

아래의 이야기를 읽고 질문에 대답해 봅시다.

> 그들은 '정식 환자'로 판정받았어야 할 사람들이다. 그들이야말로 치료를 받았어야만 했다. 그러나 그들은 그러지 않았다. 가장 강력한 이유는 그들에게 치료를 원하는 마음이 없었다는 것이다. 치료를 받으려면 우선 당사자가 조금이라도 그것을 원해야만 한다. 또 치료를 할 수 있으려면 지금 자신이 뭔가 도움이 필요한 상태에 있다는 것을 인정해야만 한다. 즉 눈곱만큼이라도 자신의 불완전을 인정해야만 한다는 말이다.
>
> 좀 슬픈 사실이긴 하지만 치료를 가장 쉽게 받을 수 있고 그것을 통해 가장 큰 효과를 얻을 수 있는 사람은 바로 가장 건강한 사람이다. 가장 정직하고 사고 유형이 가장 덜 왜곡되어있는 사람이 치료 효과가 크다는 것이 정론이다. 반대로 환자의 병세가 심하면 심할수록, 행동이 부정직하고 사고의 왜곡된 정도가 더하면 더할수록 그들을 성공적으로 돕는다는 것이 그만큼 어려워진다.
>
> 정신의학박사 스캇 펙의 『거짓의 사람들』중에서

1. 스캇 펙 박사는 환자의 병을 치료하기 힘든 원인을 무엇이라고 말하고 있나요?

치료받기 원하는 마음이 없는 것. 자신을 환자로 인정하지 않는 것.
반면, 치료를 잘 받을 수 있는 조건은 치료를 원하는 마음. 자신이 도움이 필요한
사람이라는 것을 인정하는 것이다.

병을 치유하는 것의 첫 번째 출발점은 환자가 자신의 병을 인정하고 도움을 요청하는 것이다. 이는 신체적, 정신적, 영적 질병에 모두 해당된다.

2. 나의 경우는 어떻습니까? 분명 병이 들었음에도 인정하지 않는 부분은 없습니까? 주변에 혹 그런 사람들이 있지는 않습니까? 함께 나누어 봅시다.

현대인들은 자신이 정신적, 사회적으로 병들어 있으면서 그런지도 모르고 살아가기가 쉽다. 기독교인에게는 영적인 문제도 포함된다. 각자의 생각을 들어보자.

이 문제는 상당히 개인적인 부분이므로 답을 강요하지 말고 자연스러운 분위기 속에서 진행하도록 하자.

사람들은 이 사회의 흐름에 빠져 자신이 어떤 병에 걸려 있는지도 모른 채 정신없이 살아가고 있다. 기독교인들도 황금만능주의, 외모지상주의, 폭력주의, 오락주의 등 오늘날의 사회 풍조에 휩쓸려 있을 수 있다. 그러면서 내가 신앙인이기 때문에 아무런 문제가 없다고 생각할 수도 있다. 내가 영적으로 고통을 느끼는 것이 오히려 다행스러운 일일 수 있다. 아픈 자가 치유를 사모할 수 있고 비로소 치유자의 손길을 경험할 수 있기 때문이다.

평신도 양육교재
기억하기
치유의 길

아픔을 지닌 사람이 치유로 나아가는 다음 단계는 무엇일까요? 배울말씀인 마가복음 2장 1-12절과 야고보서 5장 13-18절을 읽고 주어진 질문에 답해 봅시다.

1. 중풍병자가 치유(그림 자료)를 받기 위해 예수님께 가는 길에 장애가 되었던 것은 무엇이었습니까? (막 2:2)

   문을 가로막도록 많이 몰려든 사람들

중풍은 주로 뇌출혈로 인해 신체의 일부나 반신, 또는 몸 전체가 마비되는 병이다. 그래서 중풍병 환자는 타인의 도움에 의존할 수밖에 없다. 그는 너무나도 절실히 주님의 치유를 필요로 하는 사람이었지만, 성한 사람도 비집고 들어갈 틈이 없을 정도로 꽉 찬 무리들로 인하여 좌절을 느꼈을 것이다.

2. 중풍병자와 친구들은 그 장애를 어떻게 극복했습니까? (막 2:4)

지붕을 뚫어 중풍병자가 누운 상을 달아 내림

당시 주님이 계셨던 팔레스틴의 전형적인 서민 주택은 보통 흙벽돌로 된 단층 슬라브형으로 지붕이 평평하고 방이 하나가 있는 조그마한 형태였다. 그리고 바깥은 지붕에 계단이 있어서 지붕 위로 올라갈 수 있게 되어 있었다. 지붕은 보통 나무로 들보를 놓은 후, 그 위에 엮은 짚을 놓고 그 사이를 흙으로 채워 비를 막도록 되어 있다. 따라서 친구들이 지붕을 뚫어 중풍병자를 내려보냈을 때, 소음과 함께 흙과 먼지가 집 안으로 쏟아졌을 것이다. 그 시각, 예수님께서 하나님의 말씀을 전하고 계셨다. 이러한 행동은 분명 여러 사람에게 방해가 되는 무례한 행위였다. 직접적으로는 집 주인에게 물리적인 손해를 끼쳤고, 모인 사람들에게 자신만 생각하는 이기적이고 불경스러운 처사라고 눈총을 받았을 것이다. 그러나 그들은 주님을 포기할 수 없었다. 바로 목전에 주님이 계신데 장애물이 가로막고 있다고 해서 물러설 수가 없었다. 그들은 구경꾼 중에 하나가 아니었다. 그들은 지붕을 뚫어서라도 주님을 만나야 했던 것이다.

3. 주님은 그러한 그들에게서 무엇을 보셨습니까? 주님의 말씀은 믿음에 대해 어떤 교훈을 줍니까? (막 2:5)

믿음을 보심, 포기하지 않는 믿음만이 예수님을 만나고 삶을 변화시킬 수 있다.

그들의 무례한 행동에 대한 주님의 반응이 사뭇 충격적이다. 주님은 그들의 돌발행동을 점잖게 꾸짖으시거나 설교를 마칠 때까지 기다리라고 냉소적으로 말씀하지 않으셨다. 오히려 주님은 그들 속에 있는 믿음을 발견하시고는 하시던 말씀을 중단하신 후, 곧 바로 병자를 고쳐주셨다. 주님의 능력은 믿음과 만날 때 역사한다. 그렇다면 중풍병자와 친구들의 믿음은 어떤 것이었는가? 한마디로 주님을 포기하지 않는 의지였다. 불가능해 보이는 환경의 벽을 넘어 오로지 주님께만 집중한 것이다. 그들은 오직 주님께만 구원과 희망이 있음을 확신하고 진심과 전심으로 나아갔다. 바로 그 믿음이 중풍병자와 친구들을 주님 앞에 당도하게 하였고, 바로 그 믿음을 통해 주님이 치유의 능력을 발산하신 것이다.

4. 중풍병자를 치유하시면서 주님이 선언하신 내용은 무엇입니까? 그리고 그것이 주는 메시지는 무엇입니까? (막 2:5)

네 죄 사함을 받았느니라.

주님은 중풍병자를 치유하시면서 '네 병이 나았다.' 혹은 '일어나 걸어가라.' 등의 말씀이 아닌, '너의 죄가 사함을 받았다.'라고 말씀하셨다. 즉 병과 죄를 연관시켜 말씀하신 것이다. 그렇다면 그 병자가 특별히 많은 죄를 지어서 중풍에 걸렸다는 말인가? 성경학자들은 그 중풍병자가 특별한 죄인이라는 근거를 찾기 어렵다고 말한다. 그렇기에 여기서 주님이 언급하신 죄란 그 병자에게만 적용되는 특별한 죄가 아니라, 인류 전체가 안고 있는 죄, 곧 하나님을 떠난 영혼의 병을 의미한다고 말한다.

주님은 단지 중풍병이라는 현상을 고치시는 정도를 넘어서 죄가 가져 온 영혼의 질병까지 근본적으로 치유하신 것이다. 죄로 인해 분리되었던 하나님과의 관계를 회복하는 사죄의 치유가 그것이다. 우리는 육신적이고 현상적인 특정 질병을 제거하는 것에 앞서서 하나님과의 관계회복이라는 영혼의 치유에 우선적인 관심을 기울여야 한다. 주님의 치유에 있어서, 육적인 치유는 영적 치유의 결과로 나타나기 때문이다.

5. 야고보가 제시하는 핵심적인 치유의 수단은 무엇입니까? 야고보서 5장 13–18
절 사이에 매 절마다 빠지지 않고 나오는 단어 하나를 찾아 봅시다.

기도

기도는 치유의 핵심적인 통로다. 주님의 말씀처럼 기도 없이는 어떤 종류의 능력
도 나갈 수 없다(막 9:29).

6. 치유의 통로가 되는 믿음과 기도는 어떤 연관성이 있을까요? 야고보서 5장 15
절의 말씀을 바탕으로 각자의 생각을 이야기해 봅시다.

믿음의 기도는 병든 자를 구원한다. 또한 믿음의 기도는 죄를 용서받을 수 있도록
인도한다.

믿음은 기도를 먹고 자란다. 기도는 믿음을 키우고 세운다. 기도는 믿음의 자양분
이다. 믿음은 기도의 열매요, 모든 것이 기도에서 시작된다. 기도를 통해 하나님께
나아가 그분의 말씀과 뜻으로 채워질 때, 자기 안에 있던 불신과 의심과 욕심이 사
라지면서 하나님의 영이 주시는 믿음으로 충만해진다. 그런 기도의 믿음, 혹은 믿
음의 기도가 있을 때 주께서 병든 자를 구원하여 일으키신다.

7. 교회 안에 병든 자들을 위해 야고보는 무엇을 제안했습니까? (약 5:14–16)

병이 낫기를 위하여 서로 기도하라 – 중보기도

야고보는 교회 안에서 치유사역의 일환으로 중보기도가 활발하게 일어나길 권면하고 있다. 그는 교회의 리더들뿐 아니라 성도들이 믿음의 중보기도를 통한 치유사역에 헌신함으로써 건강하고 튼튼한 주님의 몸이 세워져 가기를 소원한다. 특히 오늘 배운말씀인 마가복음 2장의 기사와 연관해서 보면, 중풍으로 고생하던 병자를 데리고 온 친구들이 모든 장애물을 넘어 마침내 치유의 주님께로 인도하는 모습을 통해 중보자의 헌신적인 사역을 만날 수 있었다. 바로 이것이 우리 교회 안에서 일어나야할 모습이다.

반성하기

평신도 양육교재

상처 입은 치유자

아래의 글은 헨리 나우웬(Henry Nouwen)의 책 『상처 입은 치유자 (The Wounded Healer)』중 일부입니다. 읽고 질문에 답해 봅시다.

> 누군가에게 진정으로 도움을 주기 위해서는 그가 처한 상황에 개입해야 하며, 남에게 도움을 주기 위해서는 그의 고통스러운 상황에 전 인격으로 참여해야 하고, 그 과정에서 마음이 상하거나 상처입고 심지어는 파멸할 수도 있는 위험 부담을 감수해야 합니다.
>
> 기독교 리더십의 처음이자 끝이 되는 핵심은 남을 위해 자신의 생명을 내어주는 것입니다. 진정한 순교란 우는 사람들과 함께 울고 웃는 사람들과 함께 웃는 것에서부터 시작하며, 고통스럽거나 즐거운 자신의 경험들을 다른 사람들이 마음껏 이용할 수 있도록 하여 그들이 스스로의 상태를 분명히 인식하고 이해할 수 있도록 돕는 것입니다.
>
> 고통의 상황속으로 들어가지 않고서 고통을 없애 버릴 수 있는 사람이 어디 있겠습니까?

1. 헨리 나우웬은 고통을 통해 얻은 상처가 다른 사람을 치유하는 원천이 될 수 있다고 역설합니다. 그 대표적인 모델이 바로 예수 그리스도이십니다. 상처 입은 치유자로서의 예수님의 모습에 대해 함께 생각하면서, 어떻게 상처가 치유의 원천이 될 수 있는지 서로 나누어 봅시다.

자신의 힘들었던 경험이나 기억들로 다른 힘든 이들을 공감할 때 조금이나마 도움이 될 수 있고, 자신의 앞선 경험이 다른 힘든 이에게 도움이 될 수 있기 때문에

예수님은 세상에 계시는 동안 수많은 상처를 입으셨다. 가장 대표적이고 결정적인 상처는 십자가일 것이다. 그러나 역설적이게도 주님이 이 세상을 진정으로 치유할 수 있게 한 원천도 바로 그 십자가의 상처였다. 깊숙이 못 박히고 찔리신 상처 안에서 비로소 세상이 완전한 치유의 처방전을 받게 된 것이다. 상처가 무엇인지 그 상처의 고통이 얼마나 큰 것인지를 몸소 체휼하신 주님이셨기에 그분은 오늘 우리가 갖고 있는 상처들을 진실로 이해하고 품으실 수 있다. 그분 자체가 상처 입은 분이셨기에 진정한 의미의 치유자가 될 수 있는 것이다. 그러므로 상처 입은 치유자가 참 치유자다.

2. 주님이 상처 입은 자로서 참 치유자가 되셨듯이, 상처 입은 우리들도 치유자가 될 수 있습니다. 치유자로서 기독교인의 사명은 무엇일까요?

다른 사람들과 아픔을 함께하고 그들을 위로하며 그들을 회복시키는 것

우리가 온전한 기독교인이라면, 필경 우리의 상처가 치유자이신 주님을 향하고 있을 것이다. 주님을 향해 열린 상처는 곧 주님이 머무르시는 공간이 된다. 주님으로 인해 치유를 경험했다면, 그 상처의 자리에 치유의 능력이 흔적으로 새겨져 있을 것이다. 설사 그것이 고침 혹은 나음이라는 현실에 도달하지 못했더라도, 그 상처에 주님이 계시는 한 그것은 곪아가고 썩어가는 환부가 아니라 주님의 능력이 머

무는 자리가 된다(고후 12:9 참조).

그러므로 그리스도께 점유된 상처는 이미 치유를 경험하고 있는 것이다. 그 치유의 체험으로 우리는 다른 이들을 섬길 수 있다. 상처받고 병든 이웃을 내가 체험하고 있는 치유의 현실로 초대할 수 있다. 내가 체험했듯이 그들의 상처도 치유될 수 있음을 증거할 수 있다. 상처 입은 치유자이신 예수님께로 그들의 상처를 인도할 수 있다. 그래서 우리 모두 상처 입은 자들이지만, 바로 그 상처 때문에 참 치유자를 만날 수 있고, 그렇게 치유된 또 다른 상처 입은 치유자로서 상처난 자들을 도울 수 있는 것이다. 그런 면에서 기독교인은 상처 입은 치유자인 것이다.

응답하기   평신도 양육교재

내 영의 건강검진

아래의 주어진 질문을 통해 나의 영적 건강상태를 점검하여 필요한 치료를 받고, 치료가 필요한 다른 이들을 섬기는 실천을 할 것을 결단합시다.

1. 건강검진

눈을 감고 내면의 건강 상태를 체크해 봅시다. 내 안에 병든 곳이 있나요? 왜
그런 병이 생겼습니까? 병명은 무엇인가요? 어떻게 해야 치유될 수 있을까요?
내가 치료자라면 어떤 처방을 내릴까요? 자신의 생각을 아래의 표에 적어 봅
시다.

	예	나의 경우는...
증상	마음이 답답하고 자꾸 짜증과 분노가 생긴다. 불면증에 시달린다.	
원인	현재 내가 가진 것에 대한 불만. 더 가진 자들에 대한 시기와 선망인 것 같다.	
진단	물질에 대한 욕심과 소비 욕구로 인한 풍요집착증이다.	
처방	말씀과 기도를 통해 내 영을 하나님으로 채워서 물질이 줄 수 없는 참 만족과 기쁨을 얻는다.	

(차트 자료)

아픔을 느낄 때 치유가 시작된다. 아프지 않으면 아무것도 치유할 수 없기 때문이
다. 병든 것은 부끄러운 것이 아니다. 자신의 영적인 질병과 정직히 만나자. 그리
고 주님의 치유를 사모하자. 치유의 길로 나아가자. 어쩌면 치유를 가로막는 장애
물이 있을 수도 있다. 혹은 단 번에 치유되지 않을 수도 있다. 시간이 걸리더라도
포기하지 말고 장애를 극복해가며 끊임없이 주님께로 나아가라. 그것이 기도요,
그것이 믿음이다.

2. 치유사역

아래의 주어진 표에 따라 나의 도움이 필요한 상처입은 사람에 대해서 생각해 봅시다.

	사람 1	사람 2
치유가 필요한 사람은 누구입니까?	나의 남편	
무엇 때문에 아파하고 있을까요?	아직 신앙을 갖고 있지 못함	
나는 그들을 어떻게 도울 수 있겠습니까?	먼저 믿은 자로서 신앙인답게 주님을 잘 섬기고, 그의 구원을 위해 새벽기도를 하겠습니다.	

(차트 자료)

우선 가족, 친지, 이웃 등 주변의 영적, 육체적으로 병든 자들, 상처난 자들의 이름과 상황을 적어본다. 그들의 치유를 위해 함께 믿음의 기도를 드린다. 앞으로 그들을 위해 지속적으로 중보기도할 것을 다짐한다. 중보기도사역, 상담사역, 환자들을 위한 병원사역, 노인사역 등 교회 안에서 실천할 수 있는 각종 치유사역에 대해 토의하고 그것에 헌신하기로 결단한다.

새길말씀 외우기

여호와께서 예루살렘을 세우시며 이스라엘의 흩어진 자들을 모으시며 상심한 자들을 고치시며 그들의 상처를 싸매시는도다 (시 147:2-3)

결단의 기도

하나님, 내가 받은 고난이나 고통에 얽매여 고민만 하는 신앙인이 아니라, 우리를 치유하시는 하나님을 닮아 이웃과 세상을 치유하는 신앙인이 되게 하옵소서. 예수님 이름으로 기도합니다. 아멘.

평신도 양육교재
평가하기

평가항목	세부사항	그렇다	그저 그렇다	아니다
인도자의 준비도	인도자는 본 과의 교육목적을 이룰 수 있도록 충분하게 준비했습니까?			
교육목표의 성취도	1. 학습자들이 하나님 없는 삶은 병든 삶임을 깨닫고, 치유의 은혜를 사모할 것을 결심하였습니까? 2. 학습자들이 치유가 필요한 사람들을 위해 중보하며 치유자로서의 삶을 살 것을 결심하였습니까?			
학습자의 참여도	학습자들이 진지하고 적극적인 태도로 성경공부에 임했습니까?			
성경공부의 분위기	성경공부를 하는 동안 학습자가 편안한 분위기를 느낄 수 있었습니까?			
기타 보완할 점	기타 보완할 점이나 건의사항이 있습니까?			

성령 안에서 평안한 삶

교육주제 평안을 누리는 삶

배울말씀 요한복음 14장 27절, 로마서 14장 17절

도울말씀 빌 4:6-7

새길말씀 평안을 너희에게 끼치노니 곧 나의 평안을 너희에게 주노라 내가 너희에게
주는 것은 세상이 주는 것과 같지 아니하니라 너희는 마음에 근심하지도
말고 두려워하지도 말라 (요 14:27)

이룰 목표

① 평안의 참 근원이 오직 하나님께 있음을 안다.

② 주님이 주시는 환경을 초월하는 평안의 능력을 깨닫는다.

③ 성령님과 친밀하게 교제하면서 참 평안을 누리는 삶을 산다.

교육흐름표

20 min	20 min	40 min	40 min
관심	기억	반성	응답

교육진행표

구분	관심갖기	기억하기	반성하기	응답하기
제목	진정한 평안은?	성령님이 주시는 평안	평안의 적	나치 수용소 독방에서 얻은 평안
내용	'평안'에 관한 대조적인 두 그림에 대한 심사위원의 평가	진정한 평안은 외부적인 조건이 아닌 성령이 지키시는 내부에 있다.	평안의 적은 대부분 현재와 상관없는 염려들이다. 성령을 의지함으로 이것들을 물리치자.	코리 텐 붐 여사의 수용소 회고록을 읽고 참된 평안을 얻기 위해 기도한다.
방법	예화 읽고 답하기	성경 찾아 답하기	관련 자료 읽고 성찰하기	예화 읽고 기도하기
준비물		성경책		
시간	20분	20분	40분	40분

인생에 닥치는 여러 어려움을 일컬어 흔히 '풍파(風波)'라고 한다. 삶에서 겪는 고난이 마치 바다 위로 세차게 부는 거센 바람과 물결 같은 것이라는 의미이다. 바람과 물결이 일어날 때, 사람들은 두려워하여 그것이 어서 속히 잠잠해지기만을 바란다. 그리고 그렇게 잠잠해진 상태가 되었을 때 비로소 편안함과 안정감을 느낀다. 그런데 그런 잔잔한 날들이 우리 인생 중에 과연 얼마나 될까? 우리의 안정은 외부적인 조건에 의해서만 결정될 수밖에 없는 것일까? 진정한 안정, 평안은 어디서 오는 것일까? 그리고 이 문제에 대해서 성서는 어떤 가르침을 주는가?

1. 편안과 평안

성경이 말하는 '평안(peace)'의 개념을 이해하기 위해서, 우선 세상의 '편안(comfort)'이라는 의미와 대비해 볼 필요가 있다. 편안은 말 그대로 아무 일이 없이 무사하여 편한 상태를 말한다. 그것이 육체적인 것이든 정신적인 것이든 편안은 외부적이고 환경적인 조건에 의해서 주어진다. 그러나 성경이 말하는 평안은 외부적이고 조건적인 것이 아니라 영적이고 절대적인 것이다. 평안은 환경이나 상황을 초월하여 영의 차원에서 일어나는 것으로서, 외부에서 내면으로 유입되는 것이 아니라 내면에서 생성되어 외부를 주도하고 평정하는 것이다. 편안이 환경에 대해 수동적이고 순응적이라면, 평안은 능동적이고 역동적이다. 이렇게 세상이 말하는 편안과 성경의 평안은 그 뿌리와 출발점부터가 근본적으로 다르기 때문에 그 영향이나 효과 역시 다를 수밖에 없다. 우리 기독교인들은 단순한 편안이 아닌, 평안으로 초대된 사람들이다. 그러면 평안은 어떻게 해야 누릴 수 있는 것인가?

2. 풍파 중의 평안

평안의 뿌리는 하나님께 있다. 하나님이 평안의 유일하고 절대적인 근원이

시다. 그러므로 하나님 없이 참 평안, 참 평강은 있을 수 없다. 평안은 하나님을 진심과 전심으로 중심에 모신 사람이 그 속에서 솟아나는 생수의 강을 체험하는 것이다. 하나님은 하나님께 깊이 뿌리를 내리고 심지를 견고히 하는 자, 하나님을 진실로 신뢰하는 자를 평강하고 평강하도록 지키신다(사 26:3). 그러므로 하나님이 주시는 평안은 자연히 외부적인 환경을 초월한다. 아무리 거센 풍파가 몰려와도 하나님께 정박해 있는 사람은 그 물결에 함몰되지 않는다. 아니, 오히려 풍파가 심해질수록 더욱 깊고 진한 평안의 차원을 경험하게 된다. 심지어는 강한 바람과 높은 물결을 온 몸으로 느끼며 오히려 풍파 위에 서게 된다. 그래서 주님처럼, 베드로처럼, 풍랑의 바다 위를 걸어갈 수 있는 것이다. 그것이 평안의 위력이다. 그러므로 평안의 열쇠는 내가 얼마나 잔잔한 환경에 놓여있느냐가 아니라, 내가 얼마나 깊이 하나님께 닻을 내렸는가에 달려있는 것이다.

평신도 양육교재
관심갖기
진정한 평안은?

아래의 글을 읽고 주어진 질문에 답해 봅시다.

> 어느 미술학교에서 졸업반 학생들에게 졸업 작품으로 '평안'에 관한 그림을 그려 오라고 했습니다. 학생들이 그려 온 그림 중에 특히 두 작품이 뛰어났다고 합니다. 하나는 산과 호수를 그린 것이었습니다. 아름답고 푸른 산에 둘러싸인 잔잔한 호수가 있었습니다. 호숫가에는 잔디가 깔려있고 아름다운 꽃들이 여기저기 피어 있었습니다. 그리고 양과 소가 평화롭게 풀을 뜯어먹거나 쉬고 있었습니다. 호수 위에는 하얀 백조들이 미끄러지듯 헤엄을 치고 있었습니다. 아주 평안해 보였습니다.
>
> 그런데 다른 한 그림은 그와 대조적이었습니다. 폭풍우가 몰아치는 바닷가의 절벽을 그린 것이었습니다. 집채 같은 파도가 밀려와 절벽에 부딪치고

있었습니다. 폭풍우에 절벽 위에 서 있던 나뭇가지가 부러지고, 번개가 치고, 아주 험한 환경이었습니다. 그런데 그 절벽 위 바위틈에 갈매기 한 쌍이 집을 짓고 그 둥지에서 갈매기 새끼 몇 마리가 바람이 불건 말건, 비가 오건 말건, 벼락이 치건 말건, 파도가 밀려오건 말건 고요히 눈을 감고 자고 있었습니다.

심사위원 선생님들이 두 작품을 놓고 어느 그림을 일등으로 할까 깊이 생각하다가 바닷가 절벽의 갈매기 가족을 그린 그림을 일등으로 결정했다고 합니다. 첫 번째 그림은 일종의 상상적 평안을 그린 그림입니다. 사실 이 세상에 그런 평안은 없습니다. 이 세상에는 항상 풍파가 있습니다. 폭우가 쏟아지고 벼락이 칩니다. 그런 가운데 큰 바위 속에 집을 짓고 사는 것입니다. 심사위원들은 갈매기 새끼들이 차지하고 있는 것 같은 그 평안이 참 평안이라고 생각한 것입니다.

〈www.ssomang.com〉

1. 심사위원의 결정에 대해서 어떻게 생각하십니까? 당신이 심사위원이라면 어떤 그림을 선택하시겠습니까?

각자의 생각을 들어본다.

평안은 단순히 아무런 사고나 고충이 없는 그저 한가로운 상태가 아니다. 평안은 풍랑 한복판에서도 평심을 잃지 않는 마음이다. 그래서 평안은 풍랑보다 깊고 파도보다 높다. 평안은 뿌리 깊은 나무의 견실함이요, 큰 바위의 든든함이다. 겉으로 보기에 조용한 것보다 어려움과 혼란 가운데서도 흔들리지 않는 것이 더 의미 있는 평안이다.

성령님이 주시는 평안

배울말씀인 요한복음 14장 27절과 로마서 14장 17절을 읽고 주어진 질문에 답해 봅시다.

1. 예수님은 평안이 어디에서 오는 것이라고 말씀하셨나요? (요 14:26, 27)

성령님

'평안을 끼치노니 곧 나의 평안을 주노라.' 예수님께서 본인이 평안의 원인이요, 주체라고 분명히 언급하셨다. 그런데 여기서 평안을 '끼친다.'라는 말의 의미는 평안을 '남겨 놓는다. 평안을 남기고 간다.'는 뜻이다 (공동번역, 새번역 참조). 즉, 예수님은 요한복음 14장에서 머지않아 제자들과 이별하게 될 것을 말씀하시면서 그 사실로 인해 근심에 빠져 있던 제자들에게 자신이 떠나더라도 그들과 늘 함께하게될 보혜사 성령님이 남아 있을 것이라고 언급하셨다. 바로 앞의 구절인 26절에서도 예수님은 성령님에 대해서 언급하셨고, 27절에서도 비록 자신은 떠나지만 평안이신 성령님을 두고 가실 것이라고 말씀하셨다.

그러므로 평안의 근원은 바로 보혜사 성령님이다. 이는 그리스도의 영인 성령이 믿는 자들 안에 거하시면서 평안을 지키실 것이라는 말씀이다. 그러므로 우리들이 평안할 수 있는 길은 우리 안에 계신 성령님을 통해서 뿐이다. 성령님이 우리의 마음과 생각을 굳게 지켜주실 때, 비로소 우리가 어떠한 상황에서도 평안할 수 있는 것이다.

2. 예수님이 주시는 평안은 세상이 주는 것과 같지 않다고 말씀하십니다(요 14:27). 어떤 점에서 차이가 있을까요?

세상이 주는 평안은 사실 편안에 가까운 의미이다. 이는 아무런 풍파가 없는 잔잔한 상태를 말한다. 그러므로 세상의 평안은 외부적이고 조건적이다. 무사(無事), 즉 아무 일도 없는 환경적 조건이 이루어질 때 그 외부적 상황으로부터 내면으로 유입되는 편한 마음이 바로 그것이다. 그러나 주님이 주시는 성령의 평안은 근본적으로 다르다. 그것은 외부의 조건을 초월하여 성령님이 우리의 영혼과 마음을 주장하심으로 일어나는 내면의 평화이다. 곧 주님이 떠나시고 제자들만 남아 이 땅에서 주님의 십자가 사역을 이어갈 때, 세상의 각종 고난과 핍박이 있을 테지만 성령님이 계셔서 그 모든 환경에도 불구하고 하늘의 평안으로 지켜주실 것임을 말씀하신 것이다.

3. 예수님이 주신 평안을 가로막는 것들에는 어떤 것이 있습니까?(요 14:27) 그러한 장애물을 극복하고 평안을 지키는 길은 무엇일까요? 빌립보서 4장 6-7절, 로마서 8장 6절을 읽고 물음에 답해 봅시다.

> 아무것도 염려하지 말고 다만 모든 일에 기도와 간구로, 너희 구할 것을 감사함으로 하나님께 아뢰라 그리하면 모든 지각에 뛰어난 하나님의 평강이 그리스도 예수 안에서 너희 마음과 생각을 지키시리라 (빌 4:6-7)
>
> 육신의 생각은 사망이요 영의 생각은 생명과 평안이니라 (롬 8:6)

근심과 두려움
극복하는 길: 기도와 영의 생각(묵상)

예수님께서 말씀하신 대로 근심과 두려움이 바로 평안을 가로막는 내부의 장애물이다. 믿는 자 속에 성령이 거하신다고는 하나 성령이 모든 두려움이나 염려, 분노 등을 자동으로 차단하시는 것은 아니다. 성령님은 인격적인 영이시기 때문에 그분을 신뢰하고 의지하며 그분의 이끄심에 순종하는 자들에게만 그 영향력을 나타내신다. 그러므로 성령이 주시는 평안으로 근심과 두려움을 극복하기 위해서는 그분과 친밀하게 지내면서 늘 기도하고 묵상해야 한다. 성령님이 우리를 자유롭게 주장하실 수 있도록 그분께 활짝 열려 있어야 한다. 영의 생각은 생명과 평안이다(롬 8:6). 늘 성령을 묵상하고 그분의 이끄심을 사모할 때 생명과 평안으로 인도받을 수 있다. 또한 기도에 전념할 때 염려가 떠나가고, 우리의 상식으로는 이해할 수도 상상할 수도 없는 하나님의 평강이 우리 마음과 생각을 굳게 지키신다. 어려운 환경은 여전히 그대로 있지만, 어느새 하나님의 깊은 평강에 붙들려서 생각과 마음이 담대함과 확신 그리고 기쁨과 감사로 가득하게 되는 것이다.

반성하기

평신도 양육교재

평안의 적

아래의 두 개의 글을 읽고 주어진 질문에 답해 봅시다.

> **인간은 무엇을 근심하는가?**
>
> 　미국 정신과 의사들이 모여서 인간의 근심과 걱정에 대하여 조사를 하였습니다. 그 결과는 이렇습니다.
> 　1. 근심과 걱정의 40%는 미래에 일어날 지도 모를 일에 관한 것이었고,
> 　2. 30%는 지나간 과거 일에 대한 걱정이었으며,
> 　3. 12%는 미리 상상하고 가상해서 하는 걱정,
> 　4. 그리고 18%는 걱정하지 않아도 될 일에 대한 걱정이었다고 합니다.

1. 이 조사 결과에 대해 어떻게 생각하나요? 각자의 경험을 토대로 이야기를 나누어 봅시다.

　각자의 이야기를 나누어 본다.

마태복음 6장에서 주님이 하신 말씀에 의하면 우리가 걱정하는 대부분이 무엇을 먹을까 무엇을 입을까 어디서 살까 등등 우리 의식주에 관련된 것이다. 예수님은 공중의 새와 들의 꽃을 비유를 통해서 우리가 염려에서 자유하도록 권면하셨다. 염려는 키를 한 자도 더하게 할 수 없는 것이다(마 6:27, 34).

2. 불필요한 걱정 대신 우리가 마음에 채워야 하는 것은 무엇일까요? (마 6:33)

하나님의 일을 위한 생각, 하나님의 뜻대로 세상과 하나님을 사랑하고 섬기려는 생각, 경건을 위한 생각 등

예수님은 우리가 먼저 하나님의 나라와 의를 추구하는 삶을 살도록 초청하신다. 그러할 때 하나님께서 우리가 염려하는 대상들을 채워주시고 해결해 주신다는 말씀이다. 하나님의 뜻과 나라를 위한 생각과 행동으로 삶을 빼곡하게 채워라. 염려와 걱정이 자리잡을 시간이나 공간의 틈이 나지 않을 정도로 말이다.

마음의 평안에 대한 5가지 적

심리학자들에 따르면 마음의 평안을 무너뜨리는 다섯 가지 적이 있다고 합니다.

첫째는 소유욕입니다. 모든 것을 다 가져야 행복한 것이 아님에도 불구하고 사람들은 모든 것을 다 가져야만 마음이 놓입니다. 이런 탐욕이 마음의 평안을 앗아갑니다.

둘째는 성취욕입니다. '나는 무엇이 되고 말겠다.', '그것을 꼭 가지고야 말겠다.'는 지나친 욕심이 마음의 평안을 깨뜨립니다.

셋째는 질투입니다. 내가 못 살아서 불만이 아니라 나보다 남이 잘되고 잘사는 것을 눈뜨고 볼 수 없어서 불만이 많습니다.

넷째는 분노입니다. 자기 마음을 다스릴 줄 몰라서 후회할 일이 많습니다. 참지 못하고 쉽게 분을 발하며 사는 사람에게는 평안이 없습니다.

다섯째는 교만입니다. 자기 자신에 대하여 진실하지 못하기에 자기의 자기됨을 겸손하게 인정하지 못하고, 언제나 허황된 교만에 빠져서 살다 보니 마음에 평안이 없는 것입니다.

〈출처: http://www.oxfordkoreanchurch.org/zboard〉

3. 위에 열거된 평안의 다섯 가지의 적들 중에서 나와 관련이 있는 것은 무엇입니까? 우리는 어떻게 이 적들을 물리칠 수 있을까요?

각자의 경험과 생각을 나누어 본다.
성령을 의지함으로, 나의 마음을 경건하게 가꾸어 감 등

성령님을 의지하는 일과 더불어 마음을 다스리는 훈련도 평안을 지킬 수 있는 중요한 방법이다. 솟아오르는 욕심을 누르고 자족하며 감사하는 마음을 갖는 일, 늘 겸손하게 섬기는 마음, 넓고 깊은 가슴을 간직하는 일, 용서하고 화해하는 마음 등을 상시 수양하고 훈련해야 한다. 무엇보다도 성령의 열매를 사모해야 한다(갈 5:22-23). 성령이 심령 깊이 뿌리 내려 싹이 나고 꽃이 펴서 열매를 맺을 수 있기를 소망하자.

응답하기

나치 수용소 독방에서 얻은 평안

다음의 이야기를 읽고 주어진 질문에 답해 봅시다.

네덜란드의 유명한 전도자였던 코리 텐 붐 여사는 나치 수용소에서 무려 40일 동안이나 독방에 갇혀 있었습니다. 독방에 갇히는 것은 당시 죄수들이 가장 무서워하는 형벌이었습니다. 독방에 갇히면 조금도 움직이지 못하고 40일 동안 앉아있어야 합니다. 머리도 움직이지 못할 정도로 좁은 공간에 갇히는 형벌인 것입니다. 하루 24시간을 독방에 쪼그리고 갇혀있는 것이니 40일 정도 독방에 갇혀 지내면 대개는 정신병자가 되어 나옵니다. 맑은 정신으로는 그 고통을 견딜 수가 없기 때문입니다. 코리 텐 붐 여사도 독방 생활이 너무 힘들었습니다. 얼마나 힘이 들던지 나중에는 믿음도 사라지고 인내도 사라지는 것 같았습니다. 하지만 그는 조금도 움직일 수 없는 그곳에서 하나님을 바라보고 기도했습니다.

'하나님이여, 저는 이제 견딜 수가 없습니다. 도저히 버틸 힘이 전혀 남지 않았습니다. 믿음도 전부 사라졌습니다. 어떻게 하면 좋겠습니까?'

그때 마침 눈 앞에 개미 한 마리가 기어가다가 바닥의 물을 피해서 벽 옆에 난 조그마한 틈으로 들어가는 것이 보였습니다. 그때 하나님의 음성이 들렸습니다.

'코리야, 저 개미가 보이느냐? 개미가 지금 어디로 가고 있느냐?'

'네, 하나님. 작은 틈으로 피해서 가고 있어요.'

'그래, 너는 지금 피할 곳이 없다고 생각하지만 내가 바로 너의 피난처니라. 이제 나를 향해 오너라. 내가 너를 품어 주마. 너는 내 속에서 안전하게 보호함을 받을 수 있으니 나를 바라보아라.'

그래서 코리 텐 붐 여사는 그 독방에서 하나님만을 바라보며 기도했습니다.

'하나님! 저 개미가 벽에 난 틈에 들어가서 피하는 것처럼 하나님의 품에

내 자신을 맡기오니 나를 붙들어 주시옵소서.'

그러자 하나님께서 코리 텐 붐 여사의 마음속에 임하였습니다. 놀라운 평
안이 마음을 점령해 버렸습니다. 형언할 수 없는 행복과 기쁨이 마음을 사
로잡았습니다. 하루 하루가 평안이요, 기쁨이요, 행복의 연속이었습니다.
간수들은 코리 텐 붐 여사가 독방에 있는 동안에 미칠 줄 알았는데 더 평안
하고 기쁨이 충만해진 얼굴로 나온 것을 보고는 놀라지 않을 수 없었습니다.

1. 코리 텐 붐 여사가 절망과 고통의 상황 속에서도 평안을 누릴 수 있었던 이유는
   무엇입니까?

   독방에서 하나님을 만나고, 기도 중에 하나님의 품 안이 진정한 피난처라는 것을 깨
   달았기 때문에

   참다운 평안은 환경이나 외적인 조건에 달려 있는 것이 아니라, 우리의 마음에 달
   려 있다. 우리는 우리의 피난처가 되시는 하나님의 품안에 있을 때, 그리고 성령님
   과 함께 있을 때 참된 평안을 누리게 된다. 내가 주님의 품안에 있는 이상, 그 어떤
   상황도 하나님이 허락하시는 평안을 빼앗을 수 없다.

2. 지금 내가 평안하지 못하다면 그 이유가 무엇인지 생각해보고 함께 나눠봅시
   다. 그리고 나를 포함한 모든 사람들이 참된 평안을 누릴 수 있도록 함께 기도
   합시다.

새길말씀 외우기

평안을 너희에게 끼치노니 곧 나의 평안을 너희에게 주노라 내가 너희에게 주는 것은 세상이 주는 것과 같지 아니하니라 너희는 마음에 근심하지도 말고 두려워하지도 말라 (요 14:27)

결단의 기도

하나님, 세상이 주는 평안과 다른 참된 평안을 주시니 감사합니다. 주님의 품안에 거하면서 주님께서 주시는 참된 평안의 기쁨을 누리며 사는 신앙인이 되게 하옵소서. 예수님 이름으로 기도합니다. 아멘.

평신도 양육교재
평가하기

평가항목	세부사항	그렇다	그저 그렇다	아니다
인도자의 준비도	인도자는 본 과의 교육목적을 이루기 위해 충분히 준비했습니까?			
교육목표의 성취도	1. 학습자들이 주님만이 참된 평안을 주시는 분이심을 믿게 되었습니까? 2. 학습자들이 기도와 묵상의 삶을 통해서 주님께서 주시는 평안을 누리는 삶을 살 것을 결단하였습니까?			
학습자의 참여도	학습자들이 진지하고 적극적인 태도로 성경공부에 임했습니까?			
성경공부의 분위기	성경공부를 진행하는 동안의 분위기가 자연스럽고 편안했습니까?			
기타 보완할 점	기타 보완할 점이나 건의사항이 있습니까?			

하나님 앞에서 정직한 삶

교육주제 정직한 삶

배울말씀 사도행전 5장 1-11절

도울말씀 엡 4:25

새길말씀 그런즉 거짓을 버리고 각각 그 이웃과 더불어 참된 것을 말하라 이는 우리가
서로 지체가 됨이라 (엡 4:25)

이룰 목표

① 정직이 기독교인의 삶의 기본 자세임을 안다.

② 정직의 기준이 하나님께 있음을 인식한다.

③ 하나님과 동행하며 정직하게 산다.

교육흐름표

20 min	20 min	40 min	40 min
관심	기억	반성	응답

교육진행표

구분	관심갖기	기억하기	반성하기	응답하기
제목	거짓말해도 된다?	정직과 진실의 기준	아무도 보는 이 없을 때 당신은 누구인가?	정직할 수 있는 용기
내용	거짓말이 만연한 사회의 실태를 보여주는 기사를 읽고 기독교인들의 삶을 돌아본다.	초대교회가 세워질 때 아나니아와 삽비라가 하나님을 속여 심판을 받았다.	하나님이 지켜보시기에 성실했던 청소부 예화를 읽고 아무도 보는 이 없을 때 어떠한지 자신을 반성한다.	정직하지 못했던 삶을 회개하고, 정직하게 살기로 결단하고 실천한다.
방법	신문기사 읽고 이야기하기	성경 찾아 답하기	이야기하기	표를 작성하고 결단하기
준비물	아나니아와 삽비라 그림	성경책		정직할 수 있는 용기 차트
시간	20분	20분	40분	40분

부정이 난무하는 이 세상에서 정직하고 진실하게, 바르고 곧게, 또한 참되고 신실하게 살아간다는 것이 가능할까? 기독교인은 이러한 세태에 대해 어떻게 반응해야 하는가?

1. 거짓의 일상성

우리의 삶에 가장 깊숙이 들어와 있으면서도 어쩌면 그렇기에 가장 문제의식을 갖지 못하는 것 중의 하나가 바로 '거짓말'이다. 부끄러워서 거짓말하고, 들킬까봐 거짓말하고, 남들보다 앞서려고 거짓말하고, 자신을 높이려고 거짓말하고, 있는 척 혹은 없는 척하려고 거짓말하고, 심지어는 남을 골탕 먹이기 위해서 일부러 거짓말하고... 마치 무슨 재치나 위트인양 순발력처럼 튀어나오는 거짓말들 앞에서 때론 기가 막히기도 하도 한심하기도 하지만, 거짓말에서 벗어나기란 정말 쉽지 않다. 오늘날, 거짓말이 일상이 되어 버린 것 같다.

때로 '거짓말을 금하리라. 늘 정직하리라.' 다짐을 해도 그 결심이 쉽게 무너지고 마는 것은 그 결심이 나약함 때문만은 아니다. 이 세상의 구조 자체가 거짓을 토대로 세워졌기 때문일 수 있다. 그야말로 거짓을 먹고 거짓으로 숨쉬는 시대인 듯하다. 그러니 그 속에서 바르고 진실되게 살려는 사람들이 자연 도태되고 소외될 수밖에 없다. 시대착오적인 낙오자로 전락하기도 한다. 그러기에 정직을 한두 번 실천하다가도 혼자 바보되는 듯한 느낌이 들어서 다시 거짓의 대열에 끼어든다. 그게 편한 것이다. 그게 살 길인 것이다. 그야말로 어그러지고 구부러진 세상이다.

2. 정직의 기준

그런 세태 한가운데서 기독교인으로 살아간다는 것은 무엇을 의미할까? 세상이 부패할수록 기독교인의 삶은 더욱 도전적일 수밖에 없다. 그만큼 제대로 살기가 어렵기 때문이고, 그만큼 걸어가야 할 길이 좁아지기 때문이다. 그런데 역설적으로 말하면, 그렇기 때문에 더더욱 제대로 된 기독교인의 행보가 중요한 것이고, 그렇기 때문에 더더욱 올바른 삶이 절실히 요청되는 것이다.

이런 맥락에서 오늘 본문인 사도행전 5장은 이 시대의 기독교인들에게 정직에 관해서 매우 엄격한 메시지를 전해 주고 있다. 그 메시지의 심각성은 거짓말을 하다가 죽은 어느 부부의 비참한 최후에 있다기 보다는, 그들의 결정적인 실수, 즉 정직의 기준이 나 자신이나 남이 아닌 하나님께 있다는 사실을 간과했다는 데 있다. 기독교인의 거짓말은 단순히 세상에서 사람을 기만하고 사기를 치는 정도의 과실을 넘어 하나님을 속이는 불경이요 범죄이다. 기독교인의 삶의 규범은 보이는 세상의 법이나 제도를 넘어 보이지 않는 하나님의 존재와 말씀에 근거하기 때문이다. 그러므로 기독교인은 언제나 어디서나 어떠한 상황에서도 보이지는 않지만 분명한 임재로 늘 우리와 함께 계시는 하나님께 마음과 행동의 초점을 맞추고 살아야 한다. 그것이 기독교적 정직성의 도(道)인 것이다.

관심갖기   거짓말해도 된다?

아래의 글을 읽고 질문에 답해 봅시다.

> **구직자 절반 "면접장서 거짓말해도 된다."**
>
> 극심한 취업난 속에 구직자 2명 중 1명이 면접에서 거짓말을 해도 된다고 생각하는 것으로 나타났다.
>
> 11월 5일 온라인 취업포털 '사람인'이 신입 구직자 940명을 대상으로 '면접에서 거짓말을 하는 것에 대한 생각'에 대해 설문조사한 결과, 응답자의

54.3%가 '해도 된다'고 답했다. 그 이유로는 '입사의지를 보여준다고 생각해서'(46.7%·복수응답)를 첫 번째로 꼽았다. 계속해서 '단점이나 약점을 감출 수 있어서'(38.8%), '면접관도 감안하고 들을 것이기 때문에'(34.9%), '서로 기분 좋기 위한 거짓말이라서'(24.9%), '피해만 주지 않으면 되기 때문'(21.6%) 등의 이유를 들었다.

반면, 거짓말을 절대 해서는 안 된다고 답한 응답자들은 그 이유로 '지원자에 대한 신뢰도를 떨어트려서'(49.1%·복수응답)를 가장 많이 선택했다. 뒤이어 '들키면 더 큰 불이익을 당할 수 있어서'(38.1%), '불공정한 행동이어서'(29.5%), '입사 후 기업에 피해를 줄 수 있어서'(24.4%), '진짜 실력을 파악할 수 없어서'(19.8%) 등의 답변이 있었다.

그렇다면 실제로 면접에서 거짓말을 한 경험은 얼마나 될까?

구직자의 36.7%가 면접에서 거짓말을 한 적이 있고, 이는 '순간적'(80.9%·복수응답)이었다는 응답이 '계획적'(50.7%)보다 많았다. 거짓말의 정도는 '장점을 부각시키기 위해 내용을 과장했다'(50.1%), '약점을 감추기 위해 내용을 축소, 은폐했다'(41.2%), '전혀 사실이 아닌 내용을 지어냈다'(8.7%) 순이었다.

거짓말을 한 내용은 '입사지원 동기'가 47.5%(복수응답)로 1위를 차지했다. 다음으로 '성격 및 장단점'(27.5%), '미래 비전 및 포부'(27.5%), '희망 연봉'(24.1%), '업무 관련 스킬'(18%), '직무 관련 경험'(13.9%) 등이 있었다.

2013년 11월 5일자 문화일보 노기섭 기자

1. 위의 글을 읽고 나서 느낀 소감을 서로 나누어 봅시다. 그리고 우리 주위에 만연되어 있는 거짓의 실례들을 더 나누어 봅시다.

각자의 이야기를 들어본다. 예를 들면 2006년 황우석 교수의 줄기세포 연구논문 조작 사건, 정치인들의 권모술수, 연예인들의 학력위조, 시중에서 판을 치고 있는 온갖 짝퉁 상품 등등

실로 정치와 학문에서 일상에 이르기까지 온 세상이 거짓투성이다. 대기업에서부터 동네 가게에 이르기까지, 대학교에서 유치원에 이르기까지, 고령노인에서 어린이에 이르기까지, 거짓이 우리 일상 깊숙이 뗄 수 없는 한 부분처럼 붙어있다. 마치 정직하고 바르게 살아서는 이 세상에서 살아남을 수 없는 것처럼 보인다. 이러한 세상 속에서 기독교인은 어떻게 살아야 할까? 단순히 비판하고 험담하기 위한 과정이 아니라 현실의 상황을 명확히 인식하고자 하는 시간이 되도록 하자.

2. 이런 세상 속에서 기독교인들의 진실성은 어떻게 여겨질까요?

각자마다 생각이 다를 것이다. 위 기사처럼 기독교인도 거짓의 사슬에서 벗어나지 못한다고 하는 사람도 있을 것이고, '그래도 교회와 기독교인은 나은 편이다.', '일부 대형 교회나 문제 있는 교회들이 있을 뿐이다.', '교회에 대해서 곡해된 부분이 너무 많이 있다.' 등의 의견도 있을 수 있다.

이 세상의 거짓에 대해 큰소리를 칠 수 있을 만큼 교회가 떳떳한가? 우리 기독교인들이 가정에서, 직장에서, 학교에서 정말 정직하고 진실하게 행동하는가? 기독교인들의 삶에 개혁이 필요하다. 진정 이 사회에 빛과 소금이 되는 참 기독교인들이 절실하다.

평신도 양육교재

기억하기

정직과 진실의 기준

배울말씀인 사도행전 5장 1-11절을 읽고 다음의 질문에 답해 봅시다.

1. 아나니아와 삽비라(그림 자료)는 어떤 잘못된 행동을 했습니까? (행 5:2, 8)

   소유를 판 값의 일부를 감추고 마치 그것이 전부인 것처럼 행동함

   당시 예루살렘 교회에서는 믿는 사람들 간에 서로 물건을 통용하고 재산과 소유를 팔아 각 사람의 필요를 따라 나눠주었다(행 2:44-45). 밭과 집이 있는 자들이 그것을 팔아 사도들에게 가져오면 사도들이 그것을 각 사람의 필요에 따라 나누어 주는 방식이었다(행 4:34-35). 이것은 복음을 통해 은혜를 받은 자들이 순전히 자발적으로 실천한 구제의 삶이었다.

   그 중에 아나니아와 삽비라라는 부부가 있었다. 그들도 자신의 소유를 팔아 헌물을 하려던 차였다. 그런데 이 부부는 소유를 판 값의 얼마를 감추고는 그것이 전부인 것처럼 행동했다. 감추었다는 것은 떳떳하지 못한 상태로, 그들이 속이려는 의도를 갖고 있었다는 것을 뜻한다.

2. 베드로 사도는 아나니아가 땅 값의 전부가 아닌 일부를 가져 온 것에 대하여 책망하였습니까, 아니면 거짓말한 것에 대하여 책망하였습니까? (행 5:3-4, 8)

   거짓말한 것

   베드로가 그들을 책망한 이유는 돈의 액수에 있지 않았다. 여기에서 우리가 주의해서 보아야 할 것이 있다. 베드로는 '왜 판 값 전부를 가져오지 않고 일부만을 가져 왔느냐'고 다그치지 않았다. 4절에서 그의 지적을 보면, 땅을 그대로 갖고 헌금

3단원 은혜로 회복된 삶 *41*

을 하지 않아도 무방했고, 또 판 이후에도 얼마를 드리느냐 하는 것은 아나니아 부부의 자의에 달린 것이었다. 그러므로 문제는 다 바쳤냐 덜 바쳤냐가 아니라, 아나니아가 품었던 거짓된 마음과 위선된 행동이었다. 즉 아나니아의 문제는 거짓말이었다.

8절에도 보면, 베드로가 삽비라에게 이렇게 질문한다. '그 땅 판 값이 이것뿐이냐?' 헌금의 액수 자체에 대한 얘기가 아니라 땅을 판 총액 얼마인지에 대한 질문이다. 아나니아의 거짓말을 이미 알고 있던 베드로가 그의 아내 삽비라에게 진실을 말할 기회를 준 것이다. 이때 삽비라가 그냥 사실대로 '땅을 판 값은 이것보다 더 되지만 그 나머지는 우리가 필요한 것이 있어 이만큼만 헌금하기로 했습니다.'라고 고백했으면 될 것이었다. 하지만 안타깝게도 삽비라 역시 남편의 전철을 따라 끝까지 거짓을 말하였다.

3. 아나니아와 삽비라는 결국 누구에게 거짓말을 한 것입니까? (행 5:3-4, 9)

하나님

베드로는 그들의 거짓말이 결국은 성령을 속인 것이고, 주의 영을 시험한 것이며, 그러므로 사람에게가 아니라 하나님께 한 것이라고 지적한다. 사도인 베드로가 헌금을 수납하여 핍절한 자들에게 쓰긴 했지만, 궁극적으로 그 헌금은 베드로나 가난한 자들에게 바치는 것이 아니라 하나님께 드리는 것이므로, 그 헌금에 부정한 마음과 손길이 있다면 그것은 바로 하나님께 범죄하는 것이 된다. 아나니아와 삽비라는 남을 속이기 이전에 자신을 속인 것이고 더 근본적으로는 자신과 남을 속이기에 앞서 하나님을 속인 것이다.

4. 아나니아와 삽비라의 죽음이 당시 예루살렘 성도들과 오늘날 우리들에게 던지는 메시지는 무엇일까요?

그 당시는 교회가 처음 시작될 때였다. 하나님께서는 당시 교회가 철저하게 순수하고 정직한 바탕 위에 세워지기를 바라셨기에 가장 강한 의도를 보이신 것이라 할 수 있다. 우리들도 이 사건을 통해 하나님께서 정직을 얼마나 중요하게 여기시는지 기억해야 한다.

하나님 백성들의 공동체인 교회에서 정직과 진실이 무너진다면 교회가 세상의 진정한 빛과 소금이 될 수 없다. 하나님은 당신의 자녀들이 세상 사람들과 확연히 구분되는 높은 도덕적 기준의 삶을 살아내기를 원하신다. 그리고 그 어느 곳에서보다 우선적으로 바로 교회 내에서부터 철저하게 실천되어야 함을 가르치신다. 아무리 선한 일이라 하더라도 단지 결과와 업적만을 추구하지 말고, 그 동기와 과정을 중요시하여 조금의 거짓도 섞이지 않은 순수하고 깨끗한 마음과 자세를 가져야 함을 말씀하시는 것이다. 이 본문은 오늘날 아무렇지 않게 거짓을 일삼는 수많은 기독교인들에게 여전히 유효한 경종의 메시지이다.

평신도 양육교재
반성하기　　　　아무도 보는 이 없을 때 당신은 누구인가?

아래의 글을 읽고 질문에 답해 봅시다.

> 직장을 다니는 한 사람이 있었습니다. 어느 날 그는 늦게 퇴근을 하다가 그의 직장 건물을 도맡아 청소하는 청소부가 청소를 하는 모습을 보게 되었습니다. 그런데 이 청소부가 청소하는 모습을 보면서 의아하게 생각되는 것이 있었습니다. 그 청소부는 아무도 보지 않고 또 관심조차 기울이지 않을 만한 곳까지 세심하게 청소를 하는 것이었습니다. 바닥에 깔려있는 바닥깔개를 걷어내고 그 밑까지 너무도 정성스럽고 수고롭게 윤기가 날 정도로 깨끗하게 닦는 모습을 보면서, 청소부에게 이상하다는 듯이 물었습니다.
> "아니, 그곳은 아무도 주의를 기울이지도 않고 보이지도 않는 곳인데 왜

그렇게 정성스럽게 쓸고 닦습니까?"

그 청소부가 그에게 고개를 돌리며 너무도 당연하다는 듯이 대답했습니다.

"아무도 보지 않다니요? 분명히 보시는 분이 있죠!"

하도 이상스러워서 그가 다시 청소부에게 되물었습니다.

"도대체 누가 그렇게까지 한단 말입니까?"

청소부가 다시 그를 보면서 빙그레 웃고는 한 손가락으로 하늘을 가리키며 대답했습니다.

"하나님이 보시죠."

1. 『아무도 보는 이 없을 때 당신은 누구인가?』 이것은 빌 하이벨스 목사가 저술한 책의 제목입니다. 아무도 보는 사람이 없을 때 갖는 마음과 행동이 진짜 그 사람의 인격이라는 말입니다. 위의 이야기에 나오는 청소부는 어떤 사람이라고 생각되십니까?

양심과 하나님 앞에서 참으로 정직한 사람, 자신에게 주어진 일에 스스로 최선을 다하는 사람

엄밀히 말해서 기독교인에게 있어서 아무도 보는 이가 없는 상황은 없다. 왜냐하면 위 이야기 속에 등장하는 청소부의 고백처럼, 기독교인의 삶은 늘 하나님 앞에 놓여있기 때문이다. 청소부의 이야기가 우리에게 감동과 도전이 되는 것은 그가 오로지 하나님 앞에서 살고 있기 때문일 것이다. 그런 삶을 동경하자. 그런 삶을 결심하자.

2. 내가 제일 의식하면서 행동하는 대상은 누구입니까? 왜 그렇습니까?

각자의 경우를 서로 이야기한다. 부모님, 자식, 목사님, 교회의 성도들, 동네 사람 등 다양한 대답이 나올 수 있다. 대부분 체면 때문에, 혹은 무섭거나 두려워서, 혹

은 남들에게 책잡히지 않기 위해서 등이 그 이유가 될 것이다.

위에 언급한 이유 이외에도 우리는 이윤 때문에, 혹은 사람들에게 인정받고 싶어서, 더 나은 모습을 보이기 위해서, 사람 너머에서 우리를 물끄러미 지켜보시는 하나님을 종종 잊고 만다.

3. 하나님을 의식하지 못하도록 방해하는 것들은 무엇입니까? 이 문제가 어떻게 극복될 수 있겠습니까?

우리 내면에 있는 두려움이 우리를 진실되지 못하게 방해합니다. 무엇에 대한 두려움입니까? 내가 원하는 것을 얻지 못할까봐 생기는 두려움, 내가 가진 것을 잃을까봐 생기는 두려움, 관계가 깨질 것에 대한 두려움, 평판에 대한 두려움 등입니다. 이 두려움을 어떻게 극복할 수 있습니까? 바로 용기를 갖고 두려움에 직면할 때 이것을 극복할 수 있습니다. 나의 두려움을 주님께 맡겨드리고 주님이 나를 변화시키도록 구할 때 이 용기를 얻을 수 있습니다.

"용기는 기독교인이 되는 데 기본적인 자질입니다. 용기가 있어야 그리스도와 함께 걸을 수 있고, 그분을 신뢰하여 손을 내밀 수 있습니다. 용기가 있어야 그리스도께 복종하는 삶을 살 수 있습니다. 용기가 있어야 도덕적으로 행동할 수 있고, 배우자, 자녀, 친구와 의미 있는 관계를 맺을 수 있습니다. 용기가 있어야 사업을 확장할 수 있으며, 전공을 바꾸거나 직장을 옮길 수 있습니다. 용기가 있어야 집을 떠나 살거나 다시 집으로 돌아올 수 있습니다.
우리는 모두 용기 있는 사람이 되어야 하며, 하나님도 우리가 용기 있는 사람이 되기를 바라십니다. '하나님께서 우리에게 주신 것은 두려워하는 마음이 아니요 오직 능력과 사랑과 절제하는 마음이니(딤후 1:7)'"

빌 하이벨스, 『아무도 보는 이 없을 때 당신은 누구인가?』 중에서

응답하기

정직할 수 있는 용기

1. 내 삶에서 정직하지 못한 영역은 어느 부분입니까? 어떻게 정직한 삶을 실천하시겠습니까? 아래의 표를 작성하면서 결심해 봅시다.

	상황1	상황2
삶의 영역 / 대상	나는 구역장인데...	교회에서
정직하지 못했던 내용	'몸이 아파서 주일예배에 갈 수 없다'고 하고는 낚시를 갔다.	십일조를 거르거나, 액수를 정확하게 하지 않았다.
앞으로 정직을 실천할 내용	이웃에게 거짓말을 하지 않겠다. 언제나 솔직하겠다.	소득의 십일조를 정확하게 정성껏 드리겠다.

(차트 자료)

위 표를 바탕으로 내 삶의 영역에서 정직하지 못했던 부분이나 경험을 기억해 보고 만약 같은 상황이 찾아온다면 정직하게 행하겠다고 다짐하는 시간을 갖도록 한다.

2. 그동안 정직하지 못했던 부분에 대해서 하나님께 진실히 회개하는 시간을 가져 봅시다. 아울러 정직을 실천할 수 있는 곧은 마음과 용기를 구합시다.

위 내용들을 가지고 철저하게 회개하는 기도를 드리고 새롭게 결단하기 위해 통성기도로 모임을 마친다.

새길말씀 외우기

그런즉 거짓을 버리고 각각 그 이웃과 더불어 참된 것을 말하라 이는 우리가 서로 지체가 됨이라 (엡 4:25)

결단의 기도

언제나 나와 함께하시는 하나님, 아무도 보지 않는 그곳에서도 하나님께서 나를 지켜보신다는 사실을 깨닫고, 하나님 앞에서 그리고 나 자신에게 부끄럽지 않는 삶을 살 수 있도록 인도해 주세요. 예수님 이름으로 기도합니다. 아멘.

평신도 양육교재
평가하기

평가항목	세부사항	그렇다	그저 그렇다	아니다
인도자의 준비도	인도자는 본 과의 교육목적을 이루기 위해 충분히 준비했습니까?			
교육목표의 성취도	1. 학습자들이 아무도 보지 않는 곳에서도 하나님이 나를 지켜보고 계신다는 사실을 인정하게 되었습니까? 2. 학습자들이 항상 우리를 보시는 하나님 앞에서 부끄럽지 않은 정직한 삶을 살 것을 결단하였습니까?			
학습자의 참여도	학습자들이 진지하고 적극적인 태도로 성경공부에 임했습니까?			
성경공부의 분위기	성경공부를 하는 동안 학습자가 편안한 분위기를 느낄 수 있었습니까?			
기타 보완할 점	기타 보완할 점이나 건의사항이 있습니까?			

회복시키시는 하나님

교육주제   죄로 무너진 삶의 회복

배울말씀   사무엘하 11장 1-5절

도울말씀   삼하 11:14-15, 26-27, 12:13, 24-25, 시편 51편

새길말씀   하나님이여 내 속에 정한 마음을 창조하시고 내 안에 정직한 영을 새롭게 하소서
　　　　　(시 51:10)

이룰 목표

① 죄를 짓기 쉬운 사회 현실을 직시한다.

② 죄로 무너지기 쉬운 자신의 연약함을 인정하고 죄 짓는 자리를 경계한다.

③ 죄로 무너진 자신의 삶의 상태를 직면하고 말씀과의 대면을 통해 회복될 삶을 소망한다.

교육흐름표

20 min	40 min	40 min	20 min
관심	기억	반성	응답

교육진행표

구분	관심갖기	기억하기	반성하기	응답하기
제목	죄를 권하는 사회	다윗의 범죄	자극과 반응 사이	회복을 소망하며
내용	이 사회는 죄를 짓기 쉬운, 죄를 권하는 사회이다.	다윗의 범죄를 살펴볼 때, 죄는 연쇄성과 속도성이 있으므로 경계해야 한다.	죄의 자극을 경계하여 늘 영적으로 깨어있어야 하고, 죄를 지었을 때는 즉각 회개해야 한다.	순결하지 못한 생각과 행동을 회개하고 순결한 삶을 살기로 결단한다.
방법	신문기사 읽고 이야기하기	성경 찾아 답하기	이야기하기	회개하고 결단하기
준비물	다윗과 밧세바 그림	성경책 나단과 다윗 그림		
시간	20분	40분	40분	20분

말씀 이해

오늘 본문은 매우 잘 알려져 있는 다윗(그림 자료)의 범죄에 관한 이야기다. 오랜 세월을 두고 믿는 자들 사이에서 회자되어 온 이 이야기는 오늘날에도 여전히 충격과 도전, 그리고 강력한 메시지를 담고 있다. 하나님의 마음에 합한 사람이라고 칭해질 정도로 그토록 온전했던 다윗이 어떻게 그렇게 처참하게 무너져 버릴 수 있었는가? 그의 실패가 우리에게 남긴 교훈은 무엇인가? 그리고 어떻게 다시 회복될 수 있었는가?

1. 죄의 속도성과 연쇄성

다윗의 추락을 통해 기독교인들은 죄가 얼마나 심각한 것인지를 깨닫게 된다. 특히 죄의 속도성과 연쇄성에 대해 심각하게 생각해 보아야 한다. 다윗의 범죄는 죄가 얼마나 빠르게 한 사람을 파멸시켜 갈 수 있는 지를 보여준다. 그의 범죄는 오랫동안 계획되거나 치밀하게 준비된 것이 아니다. 그럴 여유도 없었다. 정말이지 한순간에 다윗은 완전히 다른 사람이 되어 버린다. 그는 밧세바를 범할 때에도 주저함이나 망설임이 없었다. 바로 불러들여 동침했다(삼하 11:4). 잉태 사실을 은폐하려 할 때도 즉각 요압에게 기별하여 우리아를 불렀다(삼하 11:5). 우리아가 자기 뜻대로 움직이지 않자, 바로 다음 날 아침 요압에게 우리아를 죽이도록 명했다(삼하 11:14, 15). 그리고 우리아의 장사가 끝나자마자 또 곧바로 밧세바를 아내로 삼는다(삼하 11:27). 물론 그 배경에는 밧세바가 임신한 사실이 공적으로 드러나기 전에 일을 처리하려 했던 목적이 있었겠지만, 그의 범죄 속도를 보면 무섭도록 빠르고 그와 더불어 그의 추락 속도 역시 그러하다는 것을 알 수 있다. 죄는 무서운 속도를 갖고 뻗어 나간다. 일단 발을 들여 놓게 되면 돌이킬 여지를 주지 않고 몰고 가는 사탄의 전략인 것이다.

또 우리는 다윗의 범죄를 통해 죄가 지니는 연쇄성에 대해 심각하게 생각해 보아야 한다. 죄는 언제나 단 한 번의 사건으로 끝나지 않는다. 죄가 그렇게 놔두지를 않는다. 죄는 무수히 연결되어 있는 고리처럼 계속해서 이어진다. 더욱이 그 연쇄성이 무서운 것은 죄가 이어질 때마다 더 깊고 더 끔찍하고 더 빠져나오기 어려운 미궁 속으로 빨려 들어가게 된다는 것이다. 다윗의 경우처럼 간음은 간음을 은폐하기 위한 위선을 낳고, 그 위선이 살인까지 부른다. 그것도 우리아가 자신의 사망선고장을 스스로 들고 가게 만들 정도로 잔인하게 말이다(삼하 11:14-15). 그러고도 아무렇지 않은 듯 남의 여인을 아내로 맞아 아들까지 낳고 태평하게 살아가고 있는 것이다. 그게 죄다. 천하의 순결하고 아름다운 영혼을 지녔던 다윗을 그토록 욕망에 사로잡힌 잔인한 폭군으로 추락시킨 것, 그것이 바로 죄다.

2. 죄의 계기

그렇다면 골리앗을 믿음 하나로 물리쳤던 영적 거인 다윗이 그토록 허망하게 무너진 이유는 무엇인가? 오늘 본문의 초반부에서 그 사실을 매우 의도적으로 암시하고 있다. 이스라엘 군대를 전쟁에 보내 놓고 저녁이 다 되어서야 침상에서 일어나 한가로이 지붕 위를 거닐던 다윗의 모습이 그것이다(삼하 11:1-2). 틈이 보인다. 하나님의 사람이 어느새 영적으로 느슨해지고 게을러져 있는 것이다. 승승장구요, 태평성대요, 굴곡이 없이 평탄한 인생의 고원에서 그는 어느새 영적으로 둔감해진 것이다. 날카로움과 민감함을 잃은 채 둔해지고 무뎌진 것이다. 등이 따뜻하고 배에 기름기가 찬, 욕정으로 인해 눈에 초점을 잃은 흉측한 남성이 되어 버린 것이다. 그럴 때 넘어진다. 틈을 주어서는 안 된다. '만물의 마지막이 가까이 왔으니 그러므로 너희는 정신을 차리고 근신하여 기도하라(벧전 4:7)'고 성경이 말씀하신다.

3. 죄로부터의 회복

다윗은 자신이 저지른 치명적인 죄로 인해 하나님과의 관계가 무너지고, 후대에까지 그 죄로 인한 혹독한 대가를 치르게 된다. 그럼에도 불구하고 다윗의 삶이 이것으로 끝난 것은 아니다. 하나님께서 간음, 사기, 살인 등의 치명적인 죄를 지은 다윗에게 새롭게 회복될 수 있는 기회를 허락하신 것이다. 그 기회는 나단을 통한 경고와 회개의 말씀을 통해서 주어졌다. 다윗은 자신의 추악한 죄를 기억나게 하는 나단의 경고의 말씀을 들었을 때 합리화하거나 회피하지 않았다. 자신의 지난 죄에 정직히 직면하며 '내가 여호와께 죄를 범하였노라(삼하 12:13)'고 고백했다. 그리고 하나님 앞에서 철저히 회개하는 시간을 가졌다.

다윗이 어떻게 회개했는지 그 내용은 시편 51편을 통해 구체적으로 확인할 수 있다. 첫째, 다윗은 자신이 철저하게 죄인임을 여러 번 반복하여 하나님께 고백했다(시 51:1-5). 둘째, 정직한 영을 새롭게 하시고 자신에게서 성령을 거두지 않으시기를, 그리고 자신을 회복시켜 달라고 간구했다(시 51:10-12). 다윗은 하나님께서 자비하시고 긍휼하시며(시 51:1), 상하고 통회하는 마음을 받으시는 분(시 51:17)이라는 믿음으로 간절히 기도했다. 그러자 하나님께서 다윗의 정직하고 간절한 기도를 들으셔서 그를 회복시키셨다. 회개 후 새롭게 낳은 다윗의 아들 솔로몬에게 하나님은 나단을 통해 '여호와께 사랑을 입은 자'라는 뜻의 '여디디야'라는 이름을 붙여주신다(삼하 12:24, 25). 하나님은 경고의 말씀을 전했던 나단 선지자를 통해 사랑과 회복의 말씀을 전함으로 다윗에게 회복의 삶을 격려하고 위로하신 것이다.

평신도 양육교재
관심갖기

죄를 권하는 사회

다음 기사를 읽고 주어진 질문에 답해 봅시다.

> ### 서울시민 절반 "성 매매 광고에 매일 노출"
>
> 서울시가 2013년 3~4월 시민 1,500명을 상대로 전자우편을 통해 '불법 성산업 인식조사'를 해 보니 응답자의 47.7%가 "인터넷·스마트폰 등을 통해 성매매 광고를 '거의 매일' 접한다."라고 대답했다. 그리고 31.5%의 응답자 는 '일주일에 2~3차례' 접한다고 대답해, 조사 대상자 10명 가운데 8명이

일주일에 2~3차례 이상 성매매 광고를 접하고 있는 것으로 조사됐다.

그리고 조사 대상자의 44%가 성매매를 알선하는 등의 내용을 담은 선정적인 불법 전단지를 일주일에 2~3차례 이상 접하고 있다고 답했다. 성매매 알선 및 광고 정보를 접했을 때 불쾌함을 느끼거나(60.7%), 청소년에게 노출되는 것을 걱정하는(22%) 경우가 많았다. 하지만 대부분의 응답자들이 이에 대해 스팸 차단 등 소극적으로 대응(58.9%)하거나 무대응(38%)하는 것으로 조사됐다.

시민들은 또 성매매 집결지, 유사성행위 업소 등 불법·퇴폐 유흥업소가 일상적 생활 공간에 깊숙하게 침투해 있다고 느끼고 있었다. 이들 업소가 지하철역과 영화관 등 여가생활 공간에서 도보 30분 이내에 있는 것으로 인식하고 있다는 응답이 34.6%를 기록했고, 거주지에서 도보 30분 이내에 있다고 느낀다는 대답도 32.9%에 이르렀다. 이번 조사의 응답자는 여성 1,289명(85.9%), 남성 211명(14.1%)이었다. 연령별로는 20대 1,163명(77.5%), 30대 148명(9.9%), 40대 이상 189명(12.6%)이 참여했다.

한겨레 신문 2013년 11월 12일자 박보미 기자

1. 위 기사를 읽고 이 사회가 권하는 죄는 무엇이 있는지 나눠봅시다.

서로의 생각을 나누어본다.

위 기사는 우리가 원하든 원하지 않든 일상 속에서 죄를 지을 기회에 많이 노출되어 있다는 것을 보여준다. 위 기사가 다룬 성매매뿐만 아니라 인터넷, 핸드폰을 통한 음란 매체물, 도박 등과 관련된 광고들을 일상 속에서 쉽게 접할 수 있다. 죄를 지으려고 특별히 작정하거나 노력하지 않아도 죄를 짓기 쉬운 일상 속에서 살고 있는 것이다. 한마디로 말해 이 사회가 쉽고도 공공연하게 죄를 권하고 있는 것이다. 기독교인으로서 선택해야 할 길은 더욱 좁아지고, 죄짓기 쉬운 길이 점점 더 넓고 쉬워지는 것이다.

죄를 짓기 쉬운 일상 속에 노출되어 있는 기독교인은 어떻게 살아야 할 것인가? 오늘 우리는 죄의 길에 들어섬으로 인해 하나님과 관계가 깨졌던 사람, 다윗이 죄로 인해 무너졌다가 다시 회복되는 과정을 살펴보려고 한다. 다윗의 삶을 회복시키신 하나님의 은혜가 자신에게도 임하기를 기대하며 말씀을 살펴보자.

기억하기

평신도 양육교재

다윗의 범죄

1. 다윗의 범죄는 어떻게 시작되었습니까? 당시의 상황과 관련하여 생각해 봅시다. (삼하 11:1-2)

전쟁 중이었음에도 불구하고 왕이 나태했기에 그 틈으로 죄악이 들어오게 되었다.

사무엘하 11장 1절을 보면, 당시 이스라엘이 전쟁의 한가운데 있었던 상황이라는 것을 알 수 있다. 다윗은 이스라엘의 왕으로서 의당 출전한 군대를 위해 기도하며 마음을 쏟아야 했다. 그런데 그는 저녁 때가 다 되어서야 침상에서 일어나서 지붕 위를 어슬렁거린다. 물론 팔레스틴 지방에 한낮의 더위를 피하기 위해 오침을 하는 풍습이 있다고는 하나, 국가가 전쟁이라는 비상사태에 있었고, 왕이라는 그의 위치를 생각한다면, 그의 게으른 행동은 분명 그가 영적으로 느슨해져 있었다는 것을 암시하는 것이다. 성경기자는 이 사실을 부각시키기 위해 다윗의 범죄를 기술하는 첫머리에 그러한 내용을 소개한 것이다.

영적 나태함은 죄악이 파고드는 틈을 제공한다. 사탄은 그러한 틈을 가만 두지 않는다. 그래서 바울이 마귀로 틈을 타지 못하게 하라(엡 4:27)고 경고하는 것이 아닌가. 마귀는 자신이 운신할 수 있는 틈이 있는 곳을 결코 놓치지 않는다.

2. 결국 다윗은 밧세바와 동침하게 됩니다. 그런데 그의 범죄는 거기에서 끝나지 않았습니다. 후에 그는 더욱 끔찍한 죄를 저지르기에 이릅니다. 그것이 무엇이었습니까? (삼하 11:14-15)

빗세바의 남편 우리아를 죽게 함

다윗의 범죄는 단순히 한 남자의 욕정이 한 여자를 간음한 이야기 이상의 의미를 갖고 있다. 다윗은 왕이었다. 국가 최고 권력자였다. 그에게 권력이 없었다면 남의 아내를 아무 무리없이 취할 수 없었을 것이다. 더욱이 그는 우리아와 빗세바를 동침시킴으로써 빗세바의 임신 사실을 은폐하려고 했다. 그런데 이 시도가 수포로 돌아가자, 그는 자신의 권력을 남용하여 더욱 무서운 죄악인 우리아를 죽이기에 이른다. 그의 욕망이 권력의 날개를 달고 땅 속으로 끝없이 추락했다. 그가 가진 권력은 이제 그에게 독이 되었다. 하나님이 이스라엘을 섬기라고 주신 힘의 자리가 오히려 이스라엘에게 횡포를 저지르는 도구로 전락하고 말았다.

3. 하나님께서 나단 선지자(그림 자료)를 통해 다윗에게 하신 말씀은 무엇입니까?
   (삼하 12:7-10)

"내가 너를 이스라엘의 왕으로 기름 붓기 위하여 너를 사울의 손에서 구원하고 네 주인의 집을 네게 주고 네 주인의 아내들을 네 품에 두고 이스라엘과 유다 족속을 네게 맡겼느니라 만일 그것이 부족하였을 것 같으면 내가 네게 이것 저것을 더 주었으리라 그러한데 어찌하여 네가 여호와의 말씀을 업신여기고 나 보기에 악을 행하였느냐 네가 칼로 헷 사람 우리아를 치되 암몬 자손의 칼로 죽이고 그의 아내를 빼앗아 네 아내로 삼았도다 이제 네가 나를 업신여기고 헷 사람 우리아의 아내를 빼앗아 네 아내로 삼았은즉 칼이 네 집에서 영원히 떠나지 아니하리라"
(사무엘하 12장 7-10절)

나단은 다윗이 무엇인가를 빼앗는 범죄를 저질렀다고 말했다. 자신은 모든 것을 다 가진 자이면서, 남의 품에 있는 하나뿐인 암양 새끼같은 여인을 빼앗았다는 것이다(삼하 12:4, 9-10). 하나님께서 이미 다윗에게 모든 것을 주셨고 혹 그가 더 원했다면 더 주셨을 것인데(삼하 12:8), 다윗은 자신의 권력을 남용하여 남의 소중한 것을 빼앗고 만 것이다. 그래서 하나님은 후에 그에 대한 심판으로 압살롬의 반란을 일으키셔서 다윗의 권력을 빼앗으셨다.

물리적인 힘이든 지위의 힘이든 힘이 있는 자는 그 힘을 조심해서 사용해야 한다. 힘을 남용해서 힘없는 자들을 유린하고 횡포를 일삼는다면 하나님께서 그런 자들을 용서하지 않으실 것이다.

4. 다윗이 죄를 짓는 과정을 볼 때, 죄는 어떤 특성이 있습니까? (약 1:5)

죄는 언제나 연쇄적이다. 죄는 또 다른 죄를 낳는다. 그리고 연쇄되는 죄는 갈수록 더욱 심각해진다.

다윗이 한가한 오후의 욕정을 참지 못했을 때, 그것은 단순히 한 번의 충동적인 간음행위로 끝나지 않았다. 죄의 씨가 잉태되자, 그것을 은폐하기 위해 급기야 살인을 저지르게 된 것이다. 그야말로 야고보서의 말씀처럼, 욕심이 잉태하여 죄를 낳고 그 죄가 장성하여 사망을 낳기에 이른 것이다(약 1:15). 죄는 단수로 끝나지 않는다. 더 무서운 복수로 불어난다. 다윗의 범죄가 우리에게 그 사실을 강력히 시사하고 있다. 그러므로 우리는 악의 작은 모양이라도 버리고 가까이 하지 말아야 한다(살전 5:22).

5. 다윗의 행위는 결국 누구에게 죄가 된 것입니까? (삼하 11:27)

하나님께 죄가 됨. 사람이 보기에는 죄가 은폐되어 모든 일이 마무리된 것 같았지만, 하나님께서 그것을 낱낱이 지켜보고 계심. 하나님 앞에서는 죄를 숨길 수 없음.

다윗은 계속 범죄를 저지르면서도 아무일도 없었다는 듯 태연하게 살았다. 모든 것이 그렇게 끝난 것 같았다. 그러나 하나님께는 그 문제가 이제 시작일 뿐이었다. 성경기자는 사무엘하 11장의 마지막을 매우 두려운 문장으로 마무리한다. '다윗이

행한 그 일이 여호와 보시기에 악하였더라.'

그렇다. 모든 것이 완전범죄로 끝난 것 같았지만, 그렇게 사람들의 이목은 숨기고 덮어버릴 수 있었지만, 하나님을 속일 수는 없었다. 하나님은 그 죄의 모든 과정을 다 지켜보시면서 씁쓸하고 안타까운 탄식을 하고 계셨던 것이다. 다윗은 사람들의 눈이 두려워 꼬리를 무는 연쇄범죄를 저지르기 전에, 먼저 하나님의 눈을 두려워해야 했다.

반성하기 — 자극과 반응 사이

아래의 글을 읽고 질문에 답해 봅시다.

빅터 프랭클 (Viktor Frankl)이라는 사람이 있었습니다. 그는 나치수용소에서 죽음 직전까지 갔다가 살아난 사람입니다. 그는 매일 매일 죽음에 직면하면서 한 가지 중대한 깨달음을 얻게 됩니다. 그것은 모든 것이 다 속박된 상태에서 죽음의 위협이 몰려오는 때에도 자신의 생각과 마음만큼은 자신의 뜻대로 가질 수 있는 자유가 있다는 사실이었습니다. 그는 아주 유명한 말을 남겼습니다. "자극과 반응 사이에서 인간은 반응을 선택할 자유를 갖고 있다." 아무리 자극이 거세게 들어와도 그것에 대해 어떻게 반응할 것인지는 내면의 자유가 선택하는 것이라는 말이지요. 그래서 그는 캄캄한 감옥에서 발가벗겨진 채 심한 고문과 모욕을 당하면서도 언젠가 이 수용소에서 풀려나 학교에서 제자들을 가르치며 지금의 경험을 나누는 상상을 하기 시작했습니다. 혹독한 현실이라는 자극이 그에게 주어졌지만, 그는 자신의 자유로운 정신을 선택함으로써 전혀 다른 반응을 창출해낸 것입니다.

빅터 프랭클의 삶은 그리스도인인 우리에게 이러한 메시지를 전해 줍니다. 우리는 세상의 수많은 죄의 유혹들을 자극으로 받고 살아갑니다. 그러나 그 자극들이 우리의 신앙적 선택의 자유까지 침범할 수는 없습니다. 우리는 하나님 안에 있는 그 자유의 능력을 사용하여 유혹을 거절하고 물리치는 반응에 도달할 수 있습니다. 빅터 프랭클이 인간의 정신으로 그렇게 할 수 있었는데, 만일 우리가 성령의 도움을 받는다면 우리는 훨씬 더 잘 할 수 있지 않겠습니까?

1. 요즘 나에게 다가오는 죄나 유혹의 자극에는 어떤 것이 있습니까? 그리고 그것에 어떻게 반응하고 있습니까?

각자의 이야기를 들어본다. 시각적인 성적 유혹, 재물에 대한 유혹, 명예에 대한 유혹, 이기심에서 비롯된 나만 잘 살고 보겠다는 마음 등

다윗의 경우, 보는 데에서 범죄가 시작 되었다. 아리따운 여인이 목욕을 하고 있는 장면을 목격하는 데서부터 성적 욕망을 자극받게 된 것이다. 그의 경우뿐 아니라 대부분 보는 데서부터 죄가 시작된다. 우리도 일상 생활에서 다양한 유혹을 받는다. 종교 개혁자 마틴 루터는 "머리 위로 지나가는 새를 막을 수는 없다. 그러나 새가 머리에 둥지를 틀게 해서는 안 된다."라고 말했다. 죄와 유혹의 자극은 언제나 우리 곁에 올 수 있다. 단 죄와 유혹에 무너지느냐, 승리하느냐는 우리 각자의 선택에 달려 있다.

2. 기독교인답게 죄와 유혹의 자극을 극복하기 위해서 나에게 필요한 것은 무엇이라고 생각합니까?

항상 영적으로 깨어 있는 삶을 산다. 말씀을 읽고 묵상함으로써 하나님의 뜻을 깨닫는다. 기도를 통해 성령의 도우심을 구한다. 주변에 좋은 신앙의 동역자들을 두어 서로 권면한다. 항상 회개의 마음을 가지고 산다. 등

죄를 짓지 않는 가장 좋은 방법을 소개하겠다. 바로 죄를 지을 만한 상황이나 장소에서 멀리 벗어나는 것이다. 유혹이 될 만한 것은 보지도, 가까이 하지도 않는 것이다. 그러나 세상에 살면서 그렇게 하는 것이 쉬운 일은 아니다. 물론 되도록이면 유혹이 될 만한 장소나 상황을 지혜롭게 피해야 하지만, 어쩔 수 없이 눈에 들어오는 자극들을 만날 때가 문제다. 그리스도인은 항상 영적으로 깨어있어야 한다. 또한 잘못을 행한 즉시 즉각적으로 회개하고 용서를 구해야 한다. 또한 이러한 죄에 넘어가는 일이 더 이상 생기지 않도록 부단히 훈련해야 한다. 이 과정에서 좋은 신앙의 동역자가 큰 힘이 될 수 있을 것이다.

평신도 양육교재
응답하기
회복을 소망하며

1. 예수님께서는 마음에 음욕을 품는 것조차 이미 간음한 것이라고 말씀하셨습니다(마 5:28). 우리의 영과 육이 거룩하고 깨끗해야 함을 강조하신 것입니다. 혹시 남들은 모르더라도 순결하지 못한 생각이나 행동을 했다면 회개하는 시간을 갖도록 합시다.

진실하고 간절하게 함께 기도한다.

성에 관련된 이야기나 부적절한 관계에 대한 이야기는 아주 민감하고 조심스러운 부분이다.
이 주제를 다룰 때 인도자는 이 부분을 은혜 속에서 잘 다룰 수 있도록 하나님의 도우심을 간구해야 한다.

2. 하나님과의 관계에서 죄로 인해 무너진 부분이 있다면 회복되기를 소망하며 기도합시다.

각자 기도한다.

주제의 특성상 쉽게 개인적인 경험을 공개할 수 없는 부분이 많이 있다. 중요한 것은 하나의 죄가 또 다른 죄를 낳고, 다른 여러 죄의 출발점이 되기 쉽다는 것을 깨닫는 것이다. 기독교인은 어떠한 상황 속에서도 하나님 앞에서 순결한 신앙인이 될 수 있도록 끊임없이 고민하고 노력해야 한다. 때로 유혹이나 걸림돌에 걸려서 범죄했다면, 즉시 회개하고 다시 회복시키시는 하나님의 은혜를 구해야 한다.

새길말씀 외우기 ··

하나님이여 내 속에 정한 마음을 창조하시고 내 안에 정직한 영을 새롭게 하소서 (시 51:10)

결단의 기도 ··

하나님, 이 세상은 수많은 유혹으로 가득 찬 곳입니다. 잘못된 죄의 문화에 길들여진 저희를 회복시켜 주시옵소서. 주님 앞에 범죄치 않도록 우리 스스로를 절제하며 영적으로 깨어있게 하시옵소서. 정결한 영으로 새롭게 회복시켜 주시옵소서. 예수님 이름으로 기도드립니다. 아멘.

평신도 양육교재
평가하기

평가항목	세부사항	그렇다	그저 그렇다	아니다
인도자의 준비도	인도자는 본 과의 교육목적을 이룰 수 있도록 충분하게 준비했습니까?			
교육목표의 성취도	1. 학습자들이 한 가지의 죄가 또 다른 죄를 낳게 된다는 죄의 위험성을 깨닫게 되었습니까? 2. 학습자들이 하나님 앞에서 죄를 범하지 않는 순결한 신앙인이 될 수 있기를 바라며, 끊임없는 신앙의 훈련으로 깨어있기를 결단하였습니까?			
학습자의 참여도	학습자들이 진지하고 적극적인 태도로 성경공부에 임했습니까?			
성경공부의 분위기	성경공부를 진행하는 동안의 분위기가 자연스럽고 편안했습니까?			
기타 보완할 점	기타 보완할 점이나 건의사항이 있습니까?			

MEMO

남겨진 고통에 대하여

교육주제 남겨진 고통에 대한 기독교인의 태도

배울말씀 욥기 1장 13절-2장 10절

도울말씀 욥 10:1-9, 욥 38:1-2, 롬 8:28

새길말씀 이르되 내가 모태에서 알몸으로 나왔사온즉 또한 알몸이 그리로 돌아가올지라
주신 이도 여호와시요 거두신 이도 여호와시오니 여호와의 이름이 찬송을
받으실지니이다 하고 (욥 1:21)

이룰 목표

① 의인에게도 고난이 찾아올 수 있음을 인식한다.

② 고난에 대한 하나님의 주권을 인정하고 그분의 뜻을 구한다.

③ 고난을 믿음으로 승화시켜 고난을 통해 하나님의 세계를 경험한다.

교육흐름표

| 20 min 관심 | 40 min 기억 | 40 min 반성 | 20 min 응답 |

교육진행표

구분	관심갖기	기억하기	반성하기	응답하기
제목	미선이의 가족 이야기	욥의 고난	이지선 양을 기억하세요?	어려울 때 나는
내용	고난당하는 기독교인의 문제를 생각해본다.	의인 욥은 하나님의 주권 아래에서 고난을 받았다.	교통사고로 화상을 입은 이지선 양의 삶을 통해 고난에 대한 기독교인의 태도를 배운다.	해결되지 않는 고통 속에서 하나님의 뜻을 구하는 기독교인이 되기로 결단한다.
방법	예화 읽고 이야기하기	성경 찾아 답하기	예화 읽고 반성하기	빈칸 채우며 결단하기
준비물	욥과 친구들 그림	성경책	이지선양 사진	어려울 때 나는 차트
시간	20분	40분	40분	20분

욥기의 중심주제는 고난이다. 욥기는 인생에 있어서 피할 수 없는 고난이라는 문제를 욥이라는 한 인물을 통해 극적으로 그려내고 있다. 욥의 시대나 지금이나 고난이라는 주제는 삶을 구성하는 핵심요소 중에 하나다. 고난이 없는 인생은 없다. 고난은 삶과 필연적으로 관계를 맺으면서 우리의 인생을 형성해가는 데 매우 중요한 역할을 한다. 더욱이 욥기가 오늘날 그리스도인들과 직접적으로 연관이 있는 이유는 욥이 불신자가 아닌 여호와를 믿는 신앙을 가진 자라는 점에 있다. 욥기를 통해 우리는 하나님을 믿는 자들이 겪게 되는 인생의 고난을 살펴보고 그 고난에 어떻게 반응해야 하는지 살펴볼 수 있다. 그리고 고난을 통해 인생을 다루어가시는 하나님의 손길과 섭리를 만나게 된다.

1. 고난이 단지 죄의 결과인가?

예나 지금이나 고난, 고통, 어려움 등은 죄와 악에 따른 결과라는 인식이 지배적이다. 소위 권선징악이라는 도덕적 개념을 근거로, 사람들은 선과 복, 그리고 악과 벌을 각각 연결시켜 생각한다. 구약시대에도 이러한 개념이 널리 공유되었다. '눈에는 눈, 이에는 이'라는 행위에 근거한 보복 혹은 보상의 개념이 인과의 논리와 함께 이 세상사를 이해하는 윤리적 기준으로서 오랫동안 지배적인 역할을 해왔다. 이러한 윤리가 선을 긍정하고 악을 부정하는 순기능을 담당하는 기본원리로서 지니는 가치는 물론 지대한 것이다.

그런데 우리가 경험하듯이 인생에는 선악과 상벌이라는 흑백의 공식만으로는 설명할 수 없는 문제들이 너무나 많다. 인생은 훨씬 더 복잡하고 다양한 변수들로 가득 차 있다. 하나님 또한 그러한 단순한 도식 속에 갇혀 계시지 않는다. 욥기가 그 사실을 매우 강력히 시사한다. 욥과 그의 친구들 사이의 길고 지루한 논쟁 속에서, 욥기는 우리의 신앙 속에 깊이 뿌리박고 있는 고난에 대한 흑백주의식 오해들을 폭로한다. 고난이 단순히 죄악의 결과로서만 정의

될 수 없다는 것을 가르치는 것이다. 더욱이 당대에 가장 순전하고 정직하며 하나님을 경외함으로 악에서 떠난 자(욥 1:8)였던 욥을 가장 고통스러운 현실에 투입시킴으로써, 고난은 죄와 의로 양분된 경계를 넘나들면서 하나님의 주권에서 일어나는 아주 특별한 일이라는 것을 가르치고 있다.

2. 고난과의 건강한 만남

그러므로 고난이 찾아올 때 그리스도인은 두 가지의 극단적 태도를 피해야 한다. 첫째는 고난에 대한 무분별한 승리주의요, 둘째는 고난으로 인한 무기력한 패배주의다. 이 두 태도의 공통점은 고난을 신앙의 적으로 간주한다는 것이다. 하나는 영적 우월의식에 근거한 것이요 다른 하나는 영적 피해의식에서 비롯된 관점이다. 고난이 심판의 표식이요, 축복의 반대이기에, 무조건 하루 빨리 벗어나야 한다고 생각이 많은 그리스도인들 가운데 아직도 지배적으로 남아 있다. 고난과 축복은 공존할 수 없으며, 축복에 의해 고난이 제거되어야 영적 정상궤도로 복귀할 수 있다고 생각하는 것이다. 이것은 이 시대의 신앙인들이 가지고 있는 불행한 오해다. 이는 아픔을 금기시하는 현대 신앙의 나약한 모습이다. 아니 더 엄밀히 말하면 고난을 통한 인내가 만들어 낸 열매가 신앙을 더욱 깊이있게 한다는 성서의 자명한 가르침을 거부하는 불신앙인지도 모른다. 승리주의든 패배주의든, 정복감이든 무력감이든, 기본적으로 고난을 회피하려는 태도는 성서가 요구하는 바가 아니다. 따라서 그런 태도는 고난과의 건강한 만남이라고 할 수 없다.

욥기는 고난과의 진실하고 적나라한 만남을 우리에게 보여준다. 처절하리만치 간절하게 울부짖는 욥의 절규를 들으며 우리는 고난의 한복판에 서 있는 한 신앙인의 몸부림을 본다. 때로는 자신의 인생을 한탄하는 것으로, 때로는 하나님을 향해 도전하는 것으로 나타났던 그 몸부림들은 분명 의인일지라도 인간이기에 지닐 수밖에 없는 인간의 한계이리라. 그러나 그 모두는 사실 단 한 가지를 위한 부단한 노력, 곧 고난을 통해 하나님을 만나려는 간절한 노력이었다. 그에게 찾아온 것은 고난이었지만, 그가 만나고자 했던 것은 하나님이었다. 욥은 자신의 인생에 찾아온 최대의 위기를 어찌하든지 하나님 안에서 해결하려고 했다. 그는 하나님을 이용해서 고난을 제거하려 하거나 고난에 눌려서 하나님을 떠나지 않았다. 오히려 끊임없이 하나님의 뜻을 찾기에 목말라 했고 그 섭리의 목적을 알고자 했으며 그 주권의 그늘 아래 머물기를 원했다.

3. 고난 너머의 하나님

하나님께서 그런 욥을 만나 주셨다. 실로 오랜 세월, 목마른 기다림 끝에 성취된 만남이었다. 그런데 하나님은 욥의 고뇌에 찬 질문들에 대해 일일이 자세하게 대답해 주시지 않았다. 하나님은 그의 의문을 풀어주는 대신 오히려 수많은 질문들을 되물으셨다. 그것들은 인간의 지혜와 지식과 능력의 범주를 초월하는 하나님의 세계에서 일어나는 일들에 관한 것이었다. 하나님은 고난의 원인에 대한 단답식 해결이 아닌, 우주의 원인이며 인생의 이유이신 하나님의 주권으로 욥의 초점을 옮기셨다. 그리고 욥이 더욱 본질적인 것에 주목하기를 바라셨다. 하나님은 욥이 가졌던 의문의 벽을 허무셔서 욥을 스스로와 그의 친구들로부터 해방시키셨다. 그리고 그를 하나님의 엄청난 세계로 초청하신 것이다.

하나님은 분석이나 평가의 대상이 될 수 없다. 그래서 인간의 잣대로 하나님을 함부로 규정할 수 없다. 믿음이란 하나님에 대한 분석이 아니라 수용이요, 이해가 아니라 영접이다. 그렇게 그분을 믿을 때 고난이 하나님 안에서 일어나는 하나의 신비가 되고, 그 고난을 통해 하나님에 대한 새로운 지평을 경험할 수 있는 것이다.

다음 글을 읽고 질문에 답해 봅시다.

> 지난 추석 명절 때, 큰아버지 댁에서 모든 친척들이 모였습니다. 저희 집안은 아쉽게도 종교가 다양한 편입니다. 저희 집과 둘째 큰아버지 댁은 기독교이지만, 큰 댁은 불교이고, 고모 댁은 원불교, 작은아버지는 무교입니다.
>
> 이번 명절에는 둘째 큰아버지의 집안 상황이 가족들의 이야깃거리가 되었습니다. 요즘 그 댁의 상황이 썩 안 좋은 것이 사실입니다. 둘째 큰아버지가 몇 년 전에 조기 퇴직을 하셨고, 큰어머니와 함께 새롭게 시작한 치킨 가게는 장사가 잘 되지 않아 손해를 보고 가게를 내 놓은 상태입니다. 둘째 큰아버지를 돕겠다고 치킨을 배달하던 사촌 오빠는 오토바이 사고가 나서 병원에 입원해 있습니다. 가게를 정리하겠다는 결심을 하신 것도 그 사고를 당하고 나서의 일입니다. 둘째 큰어머니가 이런 저런 문제 때문에 장기간 작정하고 새벽 예배를 다니셨는데, 그게 무리가 되셨는지 몸이 많이 좋지 않다고 합니다. 이번 모임 때 제대로 음식도 못 드시고 일하시는 것도 힘들어 하셨습니다.
>
> 다른 분들이 그런 둘째 큰아버지 내외를 두고 한 소리씩 하셨습니다. '그렇게 교회에 열심히 다니면서 그런 일들을 겪는데도 억울하지 않냐?' '교회 다니는 사람들은 힘들어도 내색을 안하더라구. 그거 가증스럽던데, 오빠네는 그러지마. 힘들다구 해, 그냥.' '교회 갖다 바친 돈으로 보험이나 들지…' 교회를 다니는 내가 보기에도 너무 안쓰럽고 답답했습니다. 우리 집보다 신앙도 좋고, 교회와 이웃에 봉사도 많이 하시는 분들이신데… 회사를 그만 두시기 전 젊은 나이에 이사 자리에 올랐다고 부러워하고 대단해 하던 사람들은 다 어디로 갔는지 모르겠습니다.
>
> 교회 다니는 사람들은 다 잘 되면 좋겠는데…
>
> 둘째 큰아버지, 힘 내세요. 하나님, 어떻게 좀 해 주세요. 내가 오히려 창피하잖아요.

1. 내가 미선이라면 어떤 기분이 들까요?

속이 상할 것이다. 안타까운 마음이 들 것 같다. 하나님께 약간의 불평하는 마음이 생길 것 같다.

이 상황에서 가질 수 있는 감정에 정확한 답이 있을 수는 없겠지만, 같은 신앙을 가진 사람으로서 안타깝고 답답한 마음, 혹은 기독교를 반대하는 친척들에 대한 불쾌함, 하나님을 향한 서운함 등 복잡한 마음을 갖게 되는 것이 인지상정일 것이다.

2. 만약 미선이의 둘째 큰아버지가 나와 친분이 있는 사람이라면, 미선이의 둘째 큰아버지에게 어떤 말을 해 주시겠습니까?

그래도 하나님을 믿어. 포기하지 않는 신앙을 갖자. 언제고 하나님의 때가 되면 지금의 상황들을 이해할 수 있을 거야.

신앙의 공동체는 단지 상황이 좋을 때 기쁨을 함께 나누기 위한 공동체가 아니다. 신앙의 공동체는 같은 믿음을 가지고, 어려운 순간이나 즐거운 순간을 함께 공유하면서 서로를 격려하여 이끌어주고, 때로는 밀어주는 삶의 공동체이다. 누구에게나 위기의 순간, 고난의 순간이 있을 수 있다. 이럴 때에 혼자서 겪는 것보다 함께 위로하고 힘이 되어주는 것이 진정한 신앙 공동체의 모습이며, 이렇게 더불어 신앙생활을 하는 것이 하나님께서 우리의 인생에게 바라시는 것이다.

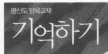

욥(그림 자료)은 하나님을 경외하며 축복받은 행복한 삶을 살았던 사람입니다. 그런데 어느 날, 욥의 인생에 시련과 고난이 찾아왔습니다. 그 고난이 너무도 비참한 것이어서 마치 저주처럼 느껴질 정도였습니다. 주어진 욥기의 성경말씀을 통해 욥의 삶 전 영역에 엄습한 고난의 구체적인 내용들을 살펴봅시다.

1. 개인적인 가족 관계에서의 고난은 무엇이었습니까? (욥 1:2, 1:18-19, 2:9)

    한 날, 한 시에 일곱 아들과 세 딸을 천재지변으로 잃음 (욥 1:2, 18-19)
    아내가 욥을 공격하고 욕함(하나님을 저주하고 죽으라고 함) (욥 2:9)

2. 경제적으로는 어떤 고난이 있었습니까? (욥 1:3, 1:14-17)

    양 칠천 마리, 약대 삼천 마리, 소 오백 쌍, 암나귀 오백 마리를 한 날에 재앙과 도적에게 잃음

3. 육체적인 고통은 무엇이었나요? (욥 2:7-8)

    온 몸에 악창이 나서 고통당함

4. 사회적인 관계에서는 어떤 일들이 일어났습니까?
    (욥 4:7, 15:5-6, 22:6-9, 30:1)

    친구들의 정죄 (욥 4:7), 오해를 받고 거짓증언을 당함 (욥 22:6-9), 조롱받음 (욥 30:1), 친구와 이웃들에게 이해를 받기는커녕 참다운 동정도 받지 못함

5. 욥이 경험한 영적인 고통은 무엇이었나요? (욥 23:8-9)

　하나님으로부터의 단절감

6. 욥은 왜 그러한 고난을 받게 되었을까요?

　하나님의 주권 아래서, 하나님의 뜻하신 것이 있어서

당시에는 보편적으로 고난을 죄로 인한 심판의 결과라고 보았다. 그래서 욥의 친구들이 끊임없이 욥에게 죄를 기억해내라고 추궁했던 것이다. 사실 욥 자신에게 있어서도, 고난의 원인이 무엇인지가 고난받는 그 자체보다 더 견디기 힘든 문제였다. 그러나 욥은 하나님이 인정하시는, 당대의 완전한 의인이었다. 욥의 고난은 의인의 고난이다. 죄가 있어 매를 맞는 고난이 아니라 애매하게 받는 고난이다(벧전 2:19-20). 그러므로 하나님 앞에 바른 삶을 사는 자에게도 고난이 닥칠 수 있다. 그리고 무엇보다도 중요한 것은 고난이 하나님의 주권 아래에서 일어나는 섭리라는 점이다.

7. 이러한 고난에 대해서 욥은 어떻게 반응했나요? (욥 1:21, 2:10)

　욥은 극심한 상실의 현장에서도 하나님을 향하여 범죄하지 않았다. 하나님을 향하여 어리석게 원망하지도 않았다. 오히려 하나님의 주권을 인정하고 찬양했다.

　욥은 '주신 자도 여호와시요 취하신 자도 여호와'라는 말과 함께 하나님께 복을 받았은즉 재앙도 받지 않겠느냐고 놀라운 고백을 한다(욥 1:21, 2:10). 이는 하나님의 주권에 대한 전적인 신뢰와 수용의 의지에서 고백할 수 있는 것이었다. 육체의 고통이 거듭되었고, 친구들은 끊임없이 욥의 죄에 대해 추궁하였다. 욥의 심신은 극도로 피곤해졌다. 하지만 욥은 하나님이 자신을 만나 주시기를, 그래서 자신을 회복시켜 주시기를 간절히 원했다. 욥은 고난을 하나님의 주권 아래에서 바라보며, 그분의 뜻을 찾는 가운데 회복을 소원했다.

이지선 양을 기억하세요?

이지선 양을 기억하세요? 그녀는 1978년생으로, 이화여자대학교 유아교육과를 졸업했습니다. 그녀는 2000년 7월 30일, 오빠의 차로 귀가하던 중, 음주운전자가 낸 7중 추돌사고로 전신의 55퍼센트에 3도 화상을 입었습니다. 너무나 위중한 상태였기에 의료진도 치료를 포기한 상황이었지만, 그녀는 7개월간의 입원, 30번이 넘는 고통스런 수술과 재활치료를 이겨냈습니다. 사는 것이, 살아남는 것이 죽는 것보다 힘들었던 그녀. 하지만 사고 이후 10년간의 고난 끝에 그녀는 '삶은 선물'이라고 고백합니다. 그녀가 들려주는 10년간의 고난의 과정 이야기를 함께 읽어볼까요?

> 사고 후 10년이 흘렀습니다.
>
> 사고는 고난의 시작이기도 했지만 새로운 삶의 시작이었습니다. 어느 누구도 예기치 못했고, 계획한 적도 없고, 꿈꾼 적은 더더욱 없었던 사고였지만 그 사고는 제게 새로운 계획을, 새로운 꿈을 꾸게 해주었습니다. 고난과 함께 이전과는 전혀 다른 외모뿐 아니라, 새로운 마음의 모양도 가지게 되었습니다.
>
> 그리고 무엇보다 새로 얻은 삶은 2000년 7월 30일 이전에는 깨닫지 못했던, 발견하지 못했던 인생의 비밀을 하나씩 하나씩 알려주었습니다. 그것은 행복의 문을 열 수 있는 비밀번호 같은 것들이었습니다. 감사라는 비밀, 사랑이라는 비밀, 희망이라는 비밀…… 그리고 아이러니하게도 고난이라는 비밀 역시 제게 행복의 문을 기꺼이 열어주었습니다.
>
> 『다시 새롭게 지선아 사랑해』(2010)
> 프롤로그 '삶이 내게 새롭게 알려준 비밀들' 중에서

세상 사람 누구에게나 고난은 있습니다. 제가 당한 일이 흔히 일어나는 일은 아니지만, 그러나 누구에게나 일어날 수 있는 일입니다. 그 고난을 어떻게 이기느냐가 중요한 것이겠지요. 누구에게나 한 번 주어지는 인생, '무슨 일'이 그에게 일어났는가보다는, 그가 그 무언가에 '어떻게' 맞섰으며, '어떻게 살았는지'가 중요한 것임을 깨닫게 됩니다. 그래서 때로는 고난 자체가 가장 큰 축복이 될 수도 있습니다. 왜냐하면 고난이 아니면 절대 가질 수 없는 보물이 있기 때문입니다. 돈 주고는 절대 사지 못하는 보물이, 학교에서도 배울 수 없는 것들이 고난과 기다림의 시간 가운데 주어지기 때문입니다. 저는 이제 그 삶의 비밀을 알게 되었습니다. 그렇기에 고난은 제게 축복이었다고 말할 수 있습니다.

『다시 새롭게 지선아 사랑해』(2010)
에필로그 '고난은 축복이었습니다' 중에서

(사진 자료)

www.facebook.com/ezsun

1. 이지선 양이 겪은 고난은 결코 쉽게 여길 수 있는 것이 아니었습니다. 이지선 양이 고난을 극복하고 자신에게 주어진 상황 속에서 새로운 삶의 가치를 발견하게 할 수 있었던 요인들은 무엇이었을까요?

자신을 향한 하나님의 뜻이 있다고 믿음, 나를 사랑하는 주변의 사람들, 하나님의 하나님 되심을 바라보고자 하는 소망 등

이 질문의 의도는 단지 주어진 정확한 답을 찾는 것이 아니다. 정확한 답이라는 것이 있을 수도 없다. 단지 이지선 양이 신앙인으로서 신앙 공동체 가운데서 삶의 의미와 기쁨을 발견하고, 궁극적으로 하나님의 사랑과 뜻을 확인하며 나아갔다는 여러 간증들을 바탕으로, 신앙인이 어려움에 처했을 때 어떻게 해야 하는지 바람직한 모습에 대해서 학습자들 스스로 생각을 정리할 수 있어야 하겠다.

2. 나의 인생에서 고난의 순간, 혹은 어려웠던 순간은 어느 때였습니까? 무엇이 그 어려움을 이길 수 있는 힘이 되었나요?

각자의 이야기를 나누어 본다.

자신의 고통스러운 과거를 이야기하는 것은 쉬운 일이 아니다. 듣는 사람들의 입장에서도 타인의 고통에 반응하는 것이 쉽지만은 않다. 그러나 성숙한 신앙 공동체는 삶을 함께 나누는 믿음의 공동체이다. 인도자가 열린 마음으로 학습자들에게 먼저 다가가야 한다. 또 단지 이야기를 듣고 끝나는 것이 아니라, 함께 은혜를 나누고 서로를 위해 중보하는 기회로 만들어야 한다.

3. 신앙인으로서 그 당시의 어려움을 겪어낸 내 모습에 대해서 스스로 평가를 내려봅시다.

각자의 이야기를 나누어 본다.

이 평가는 지극히 개인적인 평가이다. 점수를 매기거나 옳고 그름을 이야기 할 수 있는 부분이 아니다. 단, 정직하고 솔직하게 자기 모습을 되돌아볼 수 있어야 한

다. 진실함은 사람을 감동시키고 공감을 이루어 내는 가장 중요한 요소이며, 진정한 회개를 위한 첫 발걸음이다.

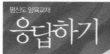

응답하기

어려울 때 나는

힘들고 어려운 일을 당했을 때 나는 어떤 모습인가요? 다음의 표에 주어진 질문에 답하며 생각해 봅시다.

어려운 일을 당했을 때...	나의 지금 모습	되고 싶은 나의 모습
1. 제일 먼저 찾아가는 곳은 어디입니까?	어디로 가야할지 모를 때가 많다.	교회나 기도처, 하나님과 만날 수 있는 나만의 장소
2. 제일 먼저 생각나는 사람은 누구입니까?	이 문제에 실질적인 도움을 줄 수 있는 사람	나의 기도의 동지들, 내 삶의 멘토들, 부모님
3. 제일 먼저 하는 일은 무엇입니까?	도움을 줄 수 있는 사람을 찾아가는 일	무릎 꿇고 하나님께 기도하기
4. 제일 먼저 드는 생각은 무엇입니까?	아이구, 이젠 죽었구나. 아, 이 상황에서 벗어나고 싶다.	기독교인답게 이 문제를 극복해 나가야겠다. 이 과정을 통해 하나님께 영광을 돌려야겠다.
5. 제일 먼저 하는 기도는 무엇입니까?	하나님, 제발 이 문제가 해결 될 수 있게 해 주세요.	하나님, 이 고통의 의미를 올바로 깨닫게 하옵소서. 주님의 뜻 가운데서 이 문제를 해결하고 하나님께 영광을 돌리게 하옵소서.

(차트 자료)

위에 주어진 예를 참고로 하여 각자의 현재의 모습과 앞으로 바라는 모습들에 대해서 서로 이야기를 나누어 보도록 하자. 단, 진행이 자연스러워야 한다. 자발적으로 이야기할 수 있도록 좋은 분위기를 만들자.

새길말씀 외우기

이르되 내가 모태에서 알몸으로 나왔사온즉 또한 알몸이 그리로 돌아가올지라 주신 이도 여호와시요 거두신 이도 여호와시오니 여호와의 이름이 찬송을 받으실지니이다 하고 (욥 1:21)

결단의 기도

하나님의 주권을 인정합니다. 고통과 고난에 대하여 믿음으로 합당하게 반응할 수 있고, 말씀에 의지하고 인내하는 믿음을 주시옵소서. 고통과 고난을 허락하신 하나님의 뜻과 숨은 계획을 자세히 알지는 못하더라도 원망하기보다는 기도하는 성숙한 믿음을 주옵소서. 예수님의 이름으로 기도합니다. 아멘.

평가항목	세부사항	그렇다	그저 그렇다	아니다
인도자의 준비도	인도자는 본 과의 교육목적을 이룰 수 있도록 충분하게 준비했습니까?			
교육목표의 성취도	1. 학습자가 고난과 고통 속에서 하나님의 뜻을 발견하고자 노력해야 함을 깨달았습니까? 2. 학습자가 어떤 상황 속에서도 하나님을 신뢰하는 삶을 살 것을 다짐하였습니까?			
학습자의 참여도	학습자들이 진지하고 적극적인 태도로 성경공부에 임했습니까?			
성경공부의 분위기	성경공부를 진행하는 동안의 분위기가 자연스럽고 편안했습니까?			
기타 보완할 점	기타 보완할 점이나 건의사항이 있습니까?			

MEMO

MEMO

MEMO

MEMO